U0906494

黄维忠　喜饶尼玛 —— 主编
张月霞　尹蔚彬 —— 编著

当代卷

西藏各民族交往、交流与交融的故事

四川民族出版社

图书在版编目（CIP）数据

浸润与融通：西藏各民族交往、交流与交融的故事.
当代卷 / 黄维忠，喜饶尼玛主编. — 成都：四川民族出
版社，2022.10

ISBN 978-7-5733-0808-5

Ⅰ.①浸… Ⅱ.①黄… ②喜… Ⅲ.①民族工作—研
究—西藏—近代 Ⅳ.①D633

中国版本图书馆CIP数据核字(2022)第179147号

浸润与融通

——西藏各民族交往、交流与交融的故事·当代卷

JINRUN YU RONGTONG XIZANG GEMINZU JIAOWANG
JIAOLIU YU JIAORONG DE GUSHI DANGDAIJUAN

黄维忠　喜饶尼玛◎主编
张月霞　尹蔚彬◎编著

出 版 人　泽仁扎西
策划组稿　唐　怡
责任编辑　张宇明　陈　光
封面设计　魏晓舸
责任印制　温祥宇
出版发行　四川民族出版社
地　　址　成都市青羊区敬业路108号（邮政编码：610091）
成品尺寸　145 mm × 210 mm
印　　张　7.875
字　　数　120千
插　　图　110
制　　作　成都华桐美术设计有限公司
印　　刷　四川华龙印务有限公司
版　　次　2022年10月第1版
印　　次　2022年10月第1次印刷
书　　号　ISBN 978-7-5733-0808-5
定　　价　60.00元

前 言

习近平总书记2014年在第二次中央新疆工作座谈会上提出“牢固树立中华民族共同体意识”，在中央民族工作会议上提出“积极培养中华民族共同体意识”；2017年在党的十九大报告中提出“铸牢中华民族共同体意识”；2021年在中央民族工作会议上强调“必须以铸牢中华民族共同体意识为新时代党的民族工作的主线”“铸牢中华民族共同体意识是新时代党的民族工作的‘纲’，所有工作要向此聚焦”；在党的二十大报告中再次强调“以铸牢中华民族共同体意识为主线，加强和改进党的民族工作”。从“牢固树立中华民族共同体意识”到“积极培养中华民族共同体意识”再到“铸牢中华民族共同体意识”，反映了我们党对中华民族共同体的认识在不断深化和发展。

中华民族共同体意识是国家统一之基、民族团结之本、精神力量之魂。

我国是统一的多民族国家，在漫漫历史长河中形成了多元一体的中华民族。我们辽阔的疆域是各民族共同开拓的，我们悠久的历史是各民族共同书写的，我们灿烂的文化是各民族共同创造的，我们伟大的精神是各民族共同培育的。“一部中国史，就是一部各民族交融汇聚成多元一体中华民族的历史，就是各民族共同缔造、发展、巩固统一的伟大祖国的历史。”一部中国史是从分据到统一的过程，一部中华民族发展史则是从自在到自觉的过程。以藏族为例，藏族的先民不仅开发了青藏高原，而且为在政治上缔造统一的多民族国家做出过重大贡献。藏族在形成和发展过程中吸收了青藏高原及周边地区生活的汉人、羌人、吐谷浑人、蒙古人等不少族群。藏族的形成和发展过程同样是参与统一多民族国家缔造的过程。

中华民族共同体意识是在长期的历史演变过程中逐渐形成的具有政治、社会、文化符号意义的凝结物与各民族的精神共识，中国各民族的交往交流交融，不仅表现在政治、经济和文化等方面，更表现在情感联系、精神联系等方面。中华民族在经历自在和自觉两个发展阶段以后，形成了中华民族多元一体格局。习近平总书记指出：“中华民族和各民族的关系，形象地说，是一个大家庭和家庭成员的关系，各民族的关系是一个大家庭里不同成员的关系。”“我国56个民族都是中华民族大家庭的平等一员，共同构成了你中有我、我中有你、谁也离不开谁的中华民族命运共同体。”

2020年8月29日，习近平总书记在中央第七次西藏工作座谈会上指出：“西藏工作必须坚持以维护祖国统一、加强民族团结为着眼点和着力点。”“要挖掘、整理、宣传西藏自古以来各民族交往交流交融的历史事实，引导各族群众看到民族的走向和未来，深刻认识到中华民族是命运共同体，促进各民族交往交流交融。”关于西藏各民族交往、交流与交融的历史，实际上学界已经有不少的研究成果。如近百位藏学专家编写的《西藏通史》（8卷13册）就是极有分量的权威之作。“西藏自古以来就是伟大祖国不可分割的一部分，藏族是中华民族大家庭中的重要成员，为我国多民族国家的缔造与发展、为中华民族的形成和发展做出了重要贡献”是学界的共识。我们尝试将这些史实改编成通俗易懂的故事，使更多的人了解西藏各民族交往交流交融的历史与现实，深刻认识藏族和中国其他兄弟民族从来就是一个命运共同体，牢固树立休戚与共、荣辱与共、生死与共、命运与共的共同体理念。

我们知道，共同体的主体是人民。无论是遥远的古代，还是眼前的今天，在西藏各民族交往交流交融的过程中，上下贯通的都是一个个鲜活的人。因此，呈现在读者面前的《浸润与融通——西藏各民族交往、交流与交融的故事》丛书，不仅有古代卷、近代卷，而且包括当代卷；故事大多是以人物为主线娓娓道来；每卷40多个具有代表性、典型性的故事，从文成公主入藏、唐蕃甥舅关系，到21世纪的扶贫工作，由古知今、由今知古，图文并茂地展现了自古以来西藏各民族交往交流交融的史实。这一个个小故事充分说明，中华民族共同体是千百年来各族人民对团结统一的自主认同，是中华民族永葆青春活力的深情密码。

实际上，以有限的图文记录漫长的历史，难度可想而知。书中提到的西藏各民族交往交流交融的故事只是沧海一粟，我们期待和大家一起去探寻，去发现……

目 录

雪域高原第一个人才摇篮

昌都实验小学是1951年3月由中国人民解放军第十八军（以下简称“十八军”）创办的，原名昌都小学，1957年更名为“昌都实验小学”。这是中国共产党在西藏创办的第一所现代学校，被誉为“雪域高原第一个人才摇篮”，它的创建标志着西藏现代教育的起步。

西藏和平解放前，教育十分落后，仅有2 000余名僧侣和贵族子弟在旧式官办学校和私塾学习，广大农奴连基本的生存都保障不了，更谈不上享受教育的权利，当时西藏的文盲率高达95%。根据“一边进军，一边建设”的原则，十八军在解放昌都之后，马上着手改善当地的教育状况。

20世纪50年代的昌都实验小学

1950年12月31日，昌都地区第一届各族各界人民代表大会通过了《在昌都地区创办学校，发展昌都地区科学文化教育事业》的决议。1951年1月1日，昌都解放委员会委托文教组负责人李安宅、于式玉两位教授同昌都各阶层人士协商，在城隍庙开办冬学（冬学为抗日战争以来利用农闲开办的季节性学校的统称）事宜，推举谢瓦拉、德格·格桑旺堆、李安宅、于式玉、摄金次嘎、甲本次成、魏克为办学董事会董事，谢瓦拉为董事长。董事会商定，于1951年1月20日在城关镇卧龙街城隍庙成立昌都冬学，同年5月1日在昌都冬学的基础上正式成立昌都小学，李安宅任校长，德格·格桑旺堆为名誉校长。昌都小学初创之时，师生数量有限。教师共有十几位，除李安宅、于式玉两位教授外，其余为十八军的随军战士、一些开明的僧侣和藏族贵族中有文化的精英。学生有七八十名，构成十分复杂，文化水平参差不齐——有少年儿童，也有成年人；有上层人士的子女，也有手工业者和城市贫民的子女。学生的一切开支由学校负担，除免费提供住宿和饮食外，学校还给学生发放补助津贴，优厚的待遇吸引了不少学生来学校就读。

当时昌都小学的汉族教师有的不会说藏语，所以讲课还要有藏语翻译。课外时间，这些汉族老师和学生一样，也要学习藏文。为了便于今后教学，学校发起了汉族老师学习藏文、藏族老师学习汉文的教研活动。昌都小学的教材是李安宅、于式玉两位教授根据当地学生的素质和结构情况编写的，教学方法也是根据学生的情况随时调整，十分灵活。

学校的老师们不仅教学认真负责，对学生也极为关心、爱护。1953年进入昌都小学就读的土登次仁至今还记得，他因得了肺结核，躺在家里下不了床。在物资相当紧缺的情况下，老师们带着奶粉和挂面到他家里看望，把他感动得眼泪直流。回顾当年在昌都小学求学的经历，土登次仁感慨万端：“我能从一个贫民家庭的孩子成长为一名领导干部，一个对昌都发展有用的人，与在昌都小学打下的坚实基础分不开，与党和国家的培养教育分不开，这让我感激一辈子！”

1957年，昌都小学迁至昌都西路，更名为“昌都实验小学”。新校区拥有了正规校舍、食堂、操场等设施，这些建筑在当时都是数一数二的。20世纪60年代，昌都实验小学创办了初中，开展九年一贯制教育。改革开放以来，随着西藏经济的发展和人民生活水平的提高，昌都实验小学的办学规模不断扩大，教学条件和教育水平也不断提高。进入21世纪，学校发展突飞猛进，新修扩建了教学楼、宿舍楼，改造了运动场，增加了体育设施设备，设立了多媒体教室、舞蹈教室、音乐教室、美术教室等功能性教室，实现了因特网光纤接入，建立了自己的网站、教学资源库……

在不断提高教学质量的同时，昌都实验小学还通过坚持汉藏双语教学和引入民族传统舞蹈教学两个特色，助力藏族传统文化的传承和发展。作为西藏第一所现代小学，昌都实验小学自创办之初便推行汉藏双语教学，保证学校学生在提高汉语言文化的同时，让传统藏语言文化薪火相传。

近年来，学校还把西藏革命史教育、新旧西藏对比教育、民族优秀文化教育融入校园文化建设，构建走廊文化，弘扬中华传统美德，传承优秀民族文化。

在70年的发展历程中，昌都实验小学为西藏的现代化建设培养了众多优秀人才，如：西藏自治区人大常委会原主任向巴平措、西藏自治区人大常委会原副主任江措等多名省部级领导干部，著名作曲家美朗多吉、著名歌唱家益西卓玛和第一代藏族飞行员洛嘎等。

昌都实验小学学生在“未来教室”上课

他们为西藏社会的发展、祖国的繁荣昌盛做出了突出贡献。

昌都实验小学是西藏现代教育的一个缩影。如今，西藏已建立起涵盖学前教育、基础教育、职业教育、高等教育、成人教育、特殊教育在内的现代教育体系，在全国率先实现学前至高中阶段15年免费教育。

（尹蔚彬　供稿）

①马三成：《西藏现代教育从这里起航——走进西藏昌都市实验小学》，《解放军报》2019年3月22日。

②尕玛多吉：《西藏昌都市实验小学：梦想在这里发芽》，《光明日报》2018年12月25日。

新中国少数民族教育事业的开端

新中国第一个藏语班诞生于1951年5月，是由北京大学东语系藏语专业和中央民族学院（以下简称“民院”，今中央民族大学）在筹备期间举办的第一个藏语班合并而成。这个班一共招收了34名学生（后来有4名学生因为种种原因中途退出），他们中的一部分是应届高中毕业生，还有一部分是大学生（来自十多个省、直辖市、自治区，以中文系学生居多）。这个班上一共有7名女生，其中黄布凡和罗秉芬原是北京大学东语系藏语专业的学生，也是该专业仅有的两名学生。

新中国第一个藏语班学员在刚建校的中央民族学院大门前合影

特别值得一提的是，这个班的成立早于民院的成立。也可以说，先有藏语班，后有民院。藏学泰斗于道泉是北大东语系藏语专业的创办者，被借调来筹办民院的藏语班，之后又带着东语系的全班人马——

加上他自己一共5名师生并入民院藏语班。创设这个班的最初目标，是通过半年左右的藏语培训，让学员们粗通藏语后配备到进藏部队担任翻译，辅助完成解放西藏的任务。因此，虽然是本科班，但是“学制不定，随时根据国家需要到边疆地区工作”。党和政府十分重视藏语班，为其配备了高规格的领导干部和师资力量：国家民委派来了红军干部胡嘉宾同志担任学院秘书长，主要负责领导藏语班；著名的回民支队政委白振河担任班主任；吴文藻、潘光旦、费孝通、季羡林、于道泉、马学良、林耀华、李有义、马约翰等著名专家学者为同学们授课。于道泉教授藏语，辅导老师是格桑居冕、土登尼玛、洛桑曲珍。藏语班的生活条件在当时十分优越，国家免费提供全部服装和生活用品，伙食是县团级的中灶标准，每月伙食标准十五万五千元（旧币，下同），另外每人每月还发三万元的津贴。

藏语班最初设在国子监，几个月之后，搬到了北长街班禅办事处的一个四合院里，因此被同学们戏称为没有校园、没有教室、没有图书馆的“三无大学”。藏语班开班的第一堂课，由时任北大东语系主任季羡林教授主讲，主要是对民族语言做一个综合性介绍。他特别强调了学习民族语言的不易，其中一句话让很多同学终生难忘：“别人吃饭有现成的碗和筷子，你们吃饭要自己动手先做碗筷。”第二堂课是北大马学良教授主讲的语言学基础课。从开班的第二周起，由于道泉教授教藏语口语，辅导老师是格桑居冕、土登尼玛、洛桑曲珍。

于道泉教授的教学理念是“口语领先”，他上课不是先教字母，而是先教口语。每次走进教室，他口中都念念有词：“laba、

藏语班学员在大渡河铁索桥上合影

laba”（藏语“手”的意思），“guo、guo”（藏语“头”的意思）……他还规定每周设一天“藏语日”。这一天，同学们从早到晚说的每一句话都必须是藏语，如果说不出来，就用肢体语言来表达。这一天，几十个同学手舞足蹈，嘴里不停地发出各种“陌生”声音，若是被不知内情的人看到，说不定会误以为这是一群聋哑人在聚会呢。当时也没有现成的教材可用，学生先提出想学的内容，再由老师编成教材，为了方便学生学习，用拉丁符号标注藏语发音。为了训练同学们的听力，李春先、洛桑曲珍两位藏族老师每天都用拉萨话给大家讲小故事。此外，李有义教授还开设了“今日西藏”这门课，目的是让大家对西藏的历史和现状有一些初步了解。

同学们学习了一段时间口语后，具备了一定语言基础，1952年春天开始用拼音符号做“拐棍”，转学藏文。大约两周后，同学们看到藏文就能直接读出来，但是记忆藏文正字还有一定困难，因此有些用功的同学开始背字典。因为于道泉教授教学方法得当，同学们很快就掌握了常用的藏文表达，词汇量基本都达到了2 000个。

1952年7月，藏语班的同学们在老师的带领下前往康定实习。9月中旬，与西康省藏族自治区政府商定，选定木雅区贡嘎山贡嘎寺作为实习地点，住宿也在寺庙里。在此之前，这座寺庙是不准女人

藏语班实习队驻扎在贡嘎寺

藏语班学员在贡嘎山下的河边洗衣服

住宿的，但是贡噶活佛非常开明，知道为新中国培养一批藏语人才很不容易，就破例批准了。当时，女同学住在小经堂，男同学住在大经堂，睡觉的时候都是打地铺，因为寺庙墙上有佛像，大家就遵照脚不能对着佛像的规矩，脚冲外睡下。

实习期间，藏语班的授课教师已经不是北京的原班人马，主讲教师有贡噶活佛，还有从德格远道而来的青年活佛南卡诺布。贡噶活佛主要讲授用古藏文写的赞颂佛的《佛赞》。他说康巴方言，这对一直学习拉萨方言的同学们来说是个巨大的挑战。好在藏语班的格桑居冕老师是康巴人，也会拉萨话，他就给大家当翻译。全班30多名同学分成了五六个学习小组，在格桑居冕老师的辅导下对《佛赞》进行攻坚，一个词一个词地抠，一段一段地攻，最终把《佛赞》钻研通了，这让大家非常有成就感。当时虽然学得艰难，但为同学们后来的学习和研究打下了坚实的基础。

因为都是年轻人，课余时间大家安排了丰富多彩的活动，例如每个周末会举办舞会。山上没有足够的乐器，就由一个同学拉二胡，另一位同学敲脸盆底打拍子。大家还在半山开了一片地，建了一个只有一个篮筐的篮球场。逢年过节，班上还为周边的藏族群众表演节目。因为当地居民说的是木雅语，同学们听不懂，格桑居冕老师就用拼音符号把木雅语拼出来，让同学们背诵，后来大家就能用木雅语演节目了。同学们编排的短剧《兄妹开荒》和《夫妻识字》受到了当地群众的欢迎。

实习和锻炼将近一年后，1953年5月，同学们返回北京继续进行专业学习。1954年夏，大家学完了本科课程，经过了严格的考试，获得了藏语文专业本科毕业证书。这是新中国高等院校第一次颁发藏语文专业本科毕业文凭。30名毕业生中，2人被分配到中央部委工作；其余28人全部留校，从事藏语文教学工作。因此，有人戏称这个班的30名学生是孵小鸡的“母鸡”，因为民院的藏语专业就是从这个班发展起来的。

（尹蔚彬　供稿）

①开斗山：《纪念西藏和平解放70周年：学好藏语建设新西藏》，搜狐网2021年3月30日。

②罗秉芬：《回忆第一个藏语专业班的教学与实习》，中央民族大学民族博物馆网站2021年10月13日。

拉萨市第一小学成长记

在旧西藏，教育被极少数上层僧侣和贵族垄断，普通民众没有受教育的权利。西藏和平解放后，党和政府投入大量人力物力财力建设现代学校，实行现代教育制度，赋予西藏各族人民群众平等接受教育的权利。短短几十年，西藏教育事业发生了根本性变化，谱写了雪域高原教育发展的崭新篇章。拉萨市第一小学的建立和发展，便是西藏现代教育发展的开篇与缩影。

西藏和平解放初期，社会形势复杂，思想文化领域的矛盾尖锐，在拉萨办学困难重重。中共西藏工委本着慎重稳进的方针，同西藏地方政府充分协商，并广泛征求西藏上层人士的意见，最终打消了他们的顾虑，赢得了支持。1952年8月15日，拉萨市第一小学正式开学，迎来了600多名学生。开学典礼上，举行了升国旗仪式。

拉萨市第一小学在管理上实行的是董事会制度，由中共西藏工委副书记、西藏军区司令员张国华任董事长，达赖喇嘛的副经师赤江·洛桑益西，以及阿沛·阿旺晋美、朵噶·彭措饶杰等任副董事长。赤江·洛桑益西还担任校长，社会贤达江洛金·索南杰布任第一副校长，著名藏学家李安宅教授任第二副校长。教师有三个来源：西藏地方政府派出的僧官教师近十名、俗官教师六七名；社会招聘的教师十余名；中共西藏工委从进藏部队和随部队进藏的知识分子中选调的教师和教学辅助人员。由于学校董事会成员和校长均在社会上有较高的地位和影响力，加上强大的教师阵容，拉萨市第一小学很快便在社会上树立起良好形象。最初报名上学的学生为300多名，随着学校声望不断扩大，开学时学生人数增加至600多名。到自治区筹委会成立前，学生已经超过千人。

拉萨市第一小学在招生时，奉行教育面前人人平等的理念，广泛接收各阶层的儿童入学。学生既有来自上层贵族家庭的，也有来自城市贫民家庭的，还包括原来侍候贵族子女上学的家奴以及二三十名流浪儿童。对流浪儿童，学校包吃包住，还发放基本生活用品；对家庭困难的学生，则发放“人民助学金”。助学金分为三等，一等一元银洋，基本能保证学生每月的生活费用，二、三等酌情而定。为落实好这项工作，学校派出教师家访，调查贫民家庭学生的家庭经济状况，以确定学生享受的助学金等级。

在课程设置上，学校既充分考虑西藏的实际情况，尊重当地的教育传统，又与时俱进，增加了现代教育中自然科学和时事政治的内容。例如，西藏私塾教育看重藏文文法，学校就开设了藏文文法、正字法等课程；数学课安排了练习演算等知识，比私塾原有的计算课实用性更强，深受欢迎；高年级讲授自然常识，对学生进行科学启蒙；政治课是综合科，讲授西藏的历史、地理和文化，在此基础上讲述西藏是祖国不可分割的一部分，宣传中国共产党和人民解放军的光辉业绩，并系统地讲解“十七条协议”，讲述国内外重大时事等。此外，根据藏族学生活泼好动的特点，开展形式多样的音乐、美术、体育等文娱活动，还成立了学生业余歌舞队，重大节日活动时到社会上演出。丰富的教学内容和恰当的教学方法开启了西藏现代教育模式。

教师们渊博的知识、认真负责的教学态度以及对学生无微不至的关心，有效地吸引了生源，很多学生转学到拉萨市第一小学，甚至一些在印度求学的贵族、商人的子女也回国到拉萨市第一小学就读。学校把这些回国的孩子编为一个班，曾留学海外的李安宅教授教他们英文。曾就读于国民党政府办的拉萨小学的数名学生要求继续学习汉语文，学校就每周为他们单独开设汉语文课。

拉萨市第一小学成了培养西藏现代人才的摇篮，学生们的知识文化水平和政治素养都有了很大提升。西藏第一所中学建立时，拉萨市第一小学的毕业生为其主要生源。新中国成立之后的十几年间，北京高等院校的西藏藏族学生中，大部分人曾就读于拉萨市第一小学。20世纪七八十年代，西藏文化水平较高的中高级藏族科技人员和行政干部，不少人的藏文基础就是在拉萨市第一小学学习期间奠定的。拉萨市第一小学是党尊重客观实际，结合民族和地区特点在西藏办学的成功典型，对后来日喀则、江孜小学的建立以及国外藏胞办学都起了很大的示范作用。

西藏和平解放以来，党中央一直十分重视发展西藏的教育，采取一系列政策措施大力发展各级各类教育，加大教育投入力度，改善办学条件，完善教育优惠政策和教育经费保障机制。尤其是党的十八大以来，为进一步推进西藏教育的发展，教育援藏工作深入开展。从教学质量到教育管理，从教育扶贫到人才培养，从组团式结对帮扶到全方位、多层次、宽领域对口支援，在中央关心、全国支援下，西藏构建起从学前教育到高等教育全覆盖的“中国特色、西藏特点”现代教育体系。

拉萨市第一小学

2022年8月，拉萨市第一小学迎来70年华诞。70年间，拉萨市第一小学实现了跨越式发展，从建校初期的几栋简易平房发展成为规范化、现代化的完全小学，多媒体教室、舞蹈教室、自然教室等专用教室一应俱全。学校以援藏工作为契机，开展了让当地教师走出去、把援藏教师请进来的双向交流，教师队伍的素质有了很大提高；结合网络课堂等现代化教学模式，教学水平不断提升。2022年，学校共有43个班级2 500多名学生，其中，以藏族为主的少数民族学生占近70%。学校秉承“基础教育为主、艺术教育为辅”“汉藏英三语并重”和“开放式教学”的办学宗旨，坚持“育人为本、和谐发展”的素质教育理念和“教改和科研同举、实践与创新并重”的教学模式，全体教职工为实现“办精品学校、出精品教师、育精品学生”的目标而不懈奋斗。

（尹蔚彬　供稿）

参考文献

①陈香玉：《拉萨第一所公办小学建校60年　老校友叹今非昔比》，中国新闻网2012年7月31日。

②吴健礼：《回忆解放初期的拉萨点滴》，《西藏人文地理》2018年第4期。

③娄梦琳：《辉煌70年　西藏教育事业全面发展》，《西藏商报》2021年6月9日。

④央金：《西藏拉萨市第一小学教师央宗带你看教育新变化》，中国西藏新闻网2019年9月18日。

⑤多杰才旦：《拉萨小学的建立及对西藏现代教育的影响——纪念拉萨小学成立37周年》，《中国藏学》1989年第4期。

活跃在“世界屋脊”的文艺轻骑兵

1949年2月，中国人民解放军第十八军在河南鹿邑县五台庙成立，并相继成立了文工团和文工队。遵循毛主席《在延安文艺座谈会上的讲话》的精神，文工团在十八军横渡长江、参加湘南战役和衡宝战役、进军大西南时，冒着炮火硝烟演出，在鼓舞部队斗志、提高部队战斗力、密切官兵关系、增进军民团结、瓦解敌军等方面起到了积极作用。1950年初，十八军领受了党中央交给的进军西藏、经营西藏的任务，文工团也随部队进藏。张国华军长曾说：“我宁愿少带一支战斗部队，也要带上文工团。”事实证明，张军长的决定是非常英明的。

在进藏工作的筹备阶段，十八军的52师、53师和54师在四川成都、乐山、泸州、宜宾、内江等地招收了大批青年学生来补充文工团，队伍曾有150多人，分别担负戏剧、舞蹈、弦乐、管乐和舞台美术等任务，多数团员只有20岁左右，女兵占了相当大的比例。当时的文工团是连队建制，区队相当于排，分队相当于班，大多数人是排以上干部。

行军途中，文工团每三个人配备一匹骡马，用来驮运演出用的汽灯、幕布、服装和道具等。战士们步行，而且要背上背包、挎包、水壶、米袋、两用篷布和筒装代食粉等个人物品，乐队的同志

十八军进藏途中的文艺兵

还要背乐器，每个人的负重量都很大。但文工团战士克服重重困难，一路上编排节目并演出，在鼓舞士气和向藏族同胞宣传党的民族宗教政策、密切军民关系等方面起到了至关重要的作用。

在高寒缺氧的青藏高原行军非常艰苦，文工团战士不仅自己藐视困难，还时时处处以革命乐观主义精神鼓舞部队士气。每逢爬雪山、涉冰河，大家就唱："谁是英雄汉？谁是软鸡蛋？不是吹牛腿，嗨！同志们战场见！"这支歌被唱成了当时的流行歌曲。唱着歌，大家浑身就有了力量，两条腿也轻快多了，大步流星地跟着队伍前进。

一次，文工团先于部队出发，在海拔5 000米的雪山上设鼓动棚，并成立了茶水组、歌唱组、军乐组、锣鼓组和快板组分工合作。部队往山顶进发时，锣鼓组先敲起"威风锣鼓"；茶水组的同志热情递水并唱"同志哥啊，请你喝杯茶，暖暖身子继续开拔"；歌唱组唱起《二郎山》；军乐组吹响《军队进行曲》；快板组即兴发挥，一边打着竹板一边说："叫同志你别笑，你的心事我知道，一心走到西藏去，要为祖国把国防保。”此时，整个雪山都沸腾了，部队指战员高喊：“向文工团的同志们致敬！向文工团的同志们学习！你们辛苦了！”文工团战士高喊道：“向英雄们学习！向同志们致敬！”“同志们，向前看，山顶离咱已不远，加油！加油！”此时，有个战士跑到茶水组喝了碗水，竖起大拇指说：“谢谢你们，你们辛苦了！”说完敬了个军礼就向山顶爬去，脚步看上去轻快了许多。看到自己的宣传鼓动工作能为官兵消除疲劳、鼓舞士气，文工团战士们别提有多高兴了，越发地有工作热情。

在海拔5 000米的生命禁区设鼓动点演节目，并不是一件轻松的事，但文工团战士咬紧牙关克服困难。有位歌唱演员心脏不好，每次爬山，她都张着嘴呼哧呼哧地喘息，喷出一股股白气，但她一点也没有拖后腿，紧跟大部队的步伐……文工团忘我地工作，和战士们一样，为了一个目标——进军西藏，解放那里的“百万农奴”。

昌都解放后，文工团派团员到刚成立的昌都小学教孩子们唱歌跳舞。小学生学会唱《东方红》后，回家又教全家唱，“东方红，太阳升，中国出了个毛泽东”的歌声很快就传遍了昌都。

十八军文工团战士

文工团到达拉萨后，受到了中央人民政府驻藏代表张经武的接见。张经武说：“西藏人民可是一个能歌善舞的民族，你们多演出一些好的歌舞，就会是这里最受欢迎的人。”在他的鼓励下，文工团一路走来一路歌，用歌声和锣鼓把党中央的民族宗教政策播撒在雪域高原。

1951年11月21日，54师文工队（因为工作需要，1951年8月被暂时配属给52师）随52师副师长陈子植、副政委阴法唐从太昭出发，按照“政治下江南”“不放过一个村庄”的要求，到尼洋河以及雅鲁藏布江中游的江达、雪卡、觉木、则拉、金东、郎宗、加查、古如郎杰、拉索等9个宗宣传“十七条协议”，开展统战和群众宣传工作，把党中央对西藏人民的关怀送到千家万户，对促进民族团结、军民团结发挥了积极作用。

为了更好地宣传“十七条协议”，文工队赶排了藏族舞蹈《中甸骑兵队》、蒙古族的“牧马舞”、鄂伦春族的舞蹈等节目。

因为当时西藏上层反动集团在民间散布了关于共产党和解放军的谣言，宣传工作的难度增大。一次，文工队来到一个村庄，家家户户都大门紧闭，街上一个人也没有。文工队穿上演出服，敲起锣

1955年，西藏军区政治部文工团战士在拉萨表演藏族舞蹈

西藏军区政治部文工团第三文化工作队向乃堆拉山口前进

鼓，奏响军乐，围着村子转了一圈，还是不见人出来，就在广场演出节目。不一会儿，便有老人从门缝里露出头，有妇女捂着脸偷偷观看，后来许多小孩子跑出来，就这样，越来越多的藏族群众被吸引了出来。节目演到精彩处，藏族群众禁不住露出笑容，不时悄悄地议论，许多人还竖起大拇指发出“啊则”“啊则”的赞叹声。

晚上在村庄住宿，文工队遵守三大纪律、八项注意，自己搭帐篷烧水做饭，还帮藏族同胞扫院子、背水、做牛粪饼。有个老阿妈拉着一位女同志仔细打量了半天，小声地说：“你们不是红眼睛绿眉毛呀……”女同志比画着回应道：“阿妈拉，那是坏人造谣，咱们藏汉是一家人。”阿妈笑着说道：“啊则！金珠玛米牙古都（藏语音译，意为‘解放军真好’）。”第二天早上，文工队出发时，发现帐篷外放着一堆柴火，知道那是藏族同胞的友好表示，就把演出用的哈达放在柴火上，留给藏族同胞作为回报。文工团走出很远一段路了，还有很多藏族同胞聚集在村口，向队伍挥手，迟迟不肯散去。

还有一次，上级决定召开宗本（县长）联席会议，有个宗本以身体不舒服为由拒绝参加，怎么劝说他都不愿参加。为了宣传党的民族政策，做好统战工作，文工队决定采取“送戏上门”的办法，到宗本家庭院进行演出。演出不到一半，四周院墙上就扒满了看节目的藏族群众，有的人还在院子外面跟着唱歌。于是，文工队来到院子外面演出。当有演员跳起鄂伦春舞时，有个珞巴族小伙子受到感染，走进场内，表演起“狩猎舞”。演出结束后，观看演出的藏族同胞也忍不住跳起了“剪羊毛舞”。优美的舞蹈动作，鲜明的音乐节奏，一下子吸引了文工队队员，他们学着跳起来。气氛越来越融洽，最后演变成一场军民大联欢，军民拉起手跳起了“果协”（圆圈歌舞），欢歌笑语回荡在村庄上空……那位一开始不愿参加联席会议的宗本也态度大变，他说：“欢迎解放军到我家，今后无论你们有什么困难，我都会大力帮助。”

1952年2月，西藏军区成立，十八军文工团改名为西藏军区政治部文工团。文工团先后派出团员到新成立的拉萨市第一小学和拉萨爱国青年文化联谊会传授唱歌、跳舞和表演技巧。拉萨市第一小学和拉萨爱国青年文化联谊会里都有很多贵族子女，当这两个单位的青少年在各种集会和活动场合进行演出时，贵族们都很关注。从这个意义上讲，这两个单位间接成了文工团宣传“十七条协议”和开展统战工作的好阵地。

十八军到达拉萨，文工团、军乐队参加入城式

1953年和1954年，拉萨

爱国青年文化联谊会与文工团一起到康藏公路西段的工地演出，受到欢迎。藏族工人还自己编了很多歌曲，如：“东方有座金色的北京城，住着伟大领袖毛泽东，他为西藏修了幸福路，他是藏族人民的大救星……”“哈达不要多，只要一条洁白的就好；朋友不要多，只要一位解放军就好……”

文工团还经常为达赖喇嘛和班禅额尔德尼演出。1953年6月，班禅大师看了演出之后，非常高兴，给文工团赠送了一面锦旗。1953年、1954年、1959年，文工团给达赖喇嘛演出了五六场节目，他也非常高兴，给文工团赠送了哈达。

1953年3月，文工团代表西藏军区慰问驻守在江孜、亚东、日喀则以及沿途兵站的官兵和这一带的藏族同胞。他们历时110天，步行1 500余公里，演出76场，观众3万多人次。很多群众都是从十多公里外的农村、牧场赶来看演出的。在帕里和亚东演出时，有不少印度、尼泊尔、不丹的侨民和边民来看演出。

1957年以后，文工团多次到北京为中央首长演出，并受到领导的接见。另外，文工团还曾到朝鲜和尼泊尔演出，受到了当地群众的热烈欢迎。

“有战士的地方，就有我们的演员！有藏族群众的地方，就有我们的歌舞！”这是文工团全体成员秉持的理念，从文工团诞生之日起，这个信念就融铸于他们对部队边疆文艺事业的追求之中。时光荏苒，几十年来，他们上哨所、下连队慰问官兵，极大地凝聚了军心、鼓舞了士气，进一步坚定了官兵捍卫边防稳定的信心和决心；他们深入基层为西藏各族人民送去精彩的节目，承担起了宣传党的路线方针政策的任务，使西藏各族人民树牢了听党话、跟党走，共同团结奋斗、共同繁荣发展的坚定信念。

未来，西藏军区政治部文工团将继续大力弘扬爱国主义精神，弘扬“老西藏精神”，维护爱国、团结、发展、稳定的大局，广泛凝聚各民族一切智慧和力量，万众一心，为实现中华民族伟大复兴而不懈奋斗。

（尹蔚彬　供稿）

①魏克：《歌声唤醒了西藏人民》，《中国西藏》2013年第5期。

②徐永亮：《文工团随十八军进藏回忆录》，“人民武警”微信公众号2019年12月11日。

③章道珍：《不会湮没的记忆——忆十八军文工团进军西藏的一段经历》，《中国西藏》2014年第6期。

④何禹、陈怀祥：《在“世界屋脊”的舞台上放歌》，《中国青年报》2009年10月16日。

爱国爱藏的好榜样

青年时代的擦珠·阿旺洛桑

在西藏向近现代社会转型的过程中，出现了这样一批知识分子，他们出身贵族家庭，有着良好的传统文化素养，因为接触了新思想而逐渐意识到黑暗腐朽的封建农奴制是阻碍西藏发展进步的枷锁，因而背叛了原来的阶级而真心拥护西藏的民主改革，拥护中国共产党的领导。擦珠·阿旺洛桑就是其中的代表。

擦珠·阿旺洛桑1880年出生于日喀则贵族德勒绕丹家族，自幼便非常聪慧。5岁那年，他被色拉寺认定为麦扎仓擦瓦康村甘丹赤巴洛桑格列的转世活佛。6岁，他被迎进色拉寺，举行了坐床典礼，俗称“擦珠仁波切”，享有“措钦朱古”（呼图克图之下地位较高的活佛）待遇。因为这一特殊身份，他得以拜诸多知名学者和高僧大德为师，深入学习因明学、藏文文法、修辞学等逻辑与藏语文知识，以及五部大论、显密宗等佛学知识。他还走遍藏地，寻访名师学习历史、文学、文法、诗歌、医学、历算等学问。他在下密院深造，学习佛教经典，25岁便获得了藏传佛教格鲁派僧人修学显宗的最高学位——“拉让巴格西”。因为学识渊博，擦珠·阿旺洛桑曾受到九世班禅的赏识和十三世达赖喇嘛的器重，担任噶厦政府的森本大堪布和达赖的侍从官，伴随达赖喇嘛到过库仑（今蒙古首都乌兰巴托）、西宁、北京、五台山等地，并曾随达赖喇嘛进京，一起受到清朝光绪皇帝的召见，还曾被达赖喇嘛选派到日本留学。

留日期间，擦珠·阿旺洛桑除了学习日语和日本佛教文化，还深入了解日本乃至全世界的状况以及未来发展趋势，大大开阔了眼界，也由此对西藏政教合一、落后腐朽的封建农奴制产生了强烈的不满。这也是他虽然对达赖喇嘛的知遇之恩充满感激，愿意为达赖喇嘛工作，但最终选择“做个俗人”的原因所在。1951年西藏和平解放，擦珠·阿旺洛桑看到了西藏的未来和希望。彼时的他虽然已经年过七旬，但还是以饱满的热情积极投身于新西藏的建设之中。

擦珠·阿旺洛桑是祖国统一和西藏和平解放的坚定拥护者，对《中央人民政府和西藏地方政府关于和平解放西藏办法的协议》（简称“十七条协议”）衷心拥护并积极执行。“十七条协议”在北京签订不久，擦珠·阿旺洛桑受十八军先遣工作组的邀请将相关电讯译成藏文，还亲手把译文送到西藏地方政府留守官员手中。中央人民政府驻藏代表张经武抵达拉萨时，擦珠·阿旺洛桑和拉萨群众一起前往西郊迎接，他胸前挂着写有“欢迎”字样的红布条，热烈地欢呼：“欢迎！欢迎！”

人民解放军刚刚进藏之时，开展工作急需学习藏语，西藏工委、西藏军区在1952年1月成立了一个藏文藏语训练班，但严重缺乏藏语文师资。虽然从内地抽调了李安宅等专家学者来任教，也远远不能满足教学需求。训练班发出了招聘通告，但因西藏刚刚和平解放，很多藏族同胞对共产党和解放军缺乏了解，甚至因为一些谣言而有惧怕情绪，没有人来应聘。擦珠·阿旺洛桑除了在藏文藏语训练班承担教学工作，还从自己几十年间培养的学生中精心挑选，推荐了得意门生索朗班觉、强俄巴·多吉欧珠等人前来应聘。他推荐的几个学生在教学中均表现出色，为培养藏语人才发挥了积极作用。索朗班觉后来成为著名的翻译家和藏学家。强俄巴·多吉欧珠除了从事教学工作，还在教育管理岗位上成绩突出，后来升任西藏自治区教委副主任。

藏文藏语训练班后来先后更名为西藏军区干部学校和西藏干部学校，擦珠·阿旺洛桑被聘任为副校长，除了教学、编写和审定教材，还参与学校的重大决策，为学校的发展贡献了很大的力量。藏文藏语训练班招收的是清一色的男学员，改为军区干部学校后开始招收女学员。为方便女学员上课，学校要招聘女教师，擦珠·阿旺洛桑又动员女儿到校任教。

1952年，西藏军区编审委员会成立，擦珠·阿旺洛桑担任常务委员，主要从事《西藏新闻简讯》的编译和出版工作，也翻译其他资料。那时候，汉藏翻译事业处在起步阶段，几乎没有什么工具书，可供借鉴的资料也很少。西藏当时处于新旧社会的转型过程中，政治、经济、文化、科技等领域都出现了很多新现象，产生了很多新名词，翻译起来困难重重。擦珠·阿旺洛桑和江金·索南杰布等几位学者，凭借渊博的知识和严肃认真的态度，圆满地解决了翻译中出现的很多难题。现在汉藏翻译中常用的不少词语，都凝聚着那批学者的心血。深受读者喜爱的藏文版《擦珠文法》便诞生于那一时期。擦珠·阿旺洛桑对于工作十分负责，凡是他执笔编辑的稿件，每篇都要反复推敲，文法、修辞、结构均力求完美，一改再改，精益求精。

《西藏新闻简讯》刚一创刊，便受到西藏三大寺——哲蚌寺、色拉寺、甘丹寺少数反动分子的反对和阻挠。擦珠·阿旺洛桑冒着生命危险，将报纸送到三大寺广大僧众手中，让他们及时了解党的民族宗教政策以及中央人民政府对西藏人民的关怀，消除僧众顾虑。即使后来他当了《西藏日报》副总编辑，仍然坚持亲自给三大寺送报。

《西藏日报》是1956年4月22日在《西藏新闻简讯》的基础上创立的，当时，擦珠·阿旺洛桑已经77岁高龄。作为报纸副总编辑，他除了承担繁重的编辑工作，还从事报社新闻训练班的教学工作。对每一位学员，他都严格要求，当学员们取得进步时，他总是及时予以表扬。组织上见他年事已高，工作又十分劳累，担心他的健康，劝他多休息。他却说："我虽然年纪大了，但如今西藏有了共产党、毛主席的领导，我反而觉得比过去年轻了。党把我们从水深火热中解放了出来，人民群众的生活安定了。党的关怀使我有勇气、有决心克服种种困难，实现我朝夕盼望为本民族人民服务的愿望，这让我感到极大的荣幸与欣慰。"

擦珠·阿旺洛桑对和平解放给西藏带来的翻天覆地的变化由衷地喜悦，对共产党、毛主席由衷地感激，在《西藏日报》创办一周年纪念会上，他说："毛主席、共产党真伟大，要是没有党和毛主席，西藏就不会得到解放，西藏人民也就不可能摆脱帝国主义势力的羁绊，更不可能回到社会主义祖国大家庭，享受各民族一律平等的权利……同样也就不可能有这样一个包括藏、汉、回、蒙民族的各阶层人士的西藏第一个新型报纸机构。”这种思想情感也成为创作动力，激发他创作了一系列反映新西藏重大历史事件的诗歌。这些诗歌感情真挚、语言形象生动，开启了诗歌反映社会现实、反映广大人民群众生活和情感的先河，翻开了西藏文学崭新的一页。

如《金桥玉带》中写道：

悬崖峭壁上的炸药响连天，
一座座的长桥要架过古壑天堑，
英雄们的血肉，常随碎石奔流，浪花飞溅！
困难像乌云布满了蓝天，
英雄们智勇的大风，
终于把乌云刮到海洋那边！
……
修路队伍大团圆，
征服了天险地险，
汉藏两族的弟兄们，
在拉萨人民广场上，握手、拥抱，亲切会见！
车队连绵，
全借金桥玉带飞过天柱、激流和草原，
满载光荣，也在这会了面！
那是在欢呼，还是在答辩？
是汽车的低吟，还是各族人民的歌赞？
我这湿润的老眼啊，
没有力量分辨。

那是在欢呼，他们完成了毛主席的召唤。
那是在拥抱，他们象征着汉藏民族团结圆满，
那是汽车的低吟，也是各族人民的礼赞！
因为我这颗心，有流不完、诉不尽、按不住的喜欢！

再如《庆贺西藏自治区筹备委员会成立》中写道：

今日的西藏日月交辉，
享受到了祖国大家庭的温暖，
和平解放像甘露滋润了西藏人民的心，
结出了团结的果实。
赶走了压迫者、剥削者，
实现了民族平等、团结的政策，
许多兄弟民族工作同志来到了西藏，
他们接二连三新修公路。
西藏经济、文化、教育等事业的建设，
像百花齐放，欣欣向荣，
藏汉民族大团结，又重新开始了。
相互团结坚如磐石，
在牢固的基础上，
树起西藏自治区筹备委员会的旗帜，
藏族人民当家做主，
历史上这是第一次。

1957年12月1日，擦珠·阿旺洛桑在拉萨病逝，享年78岁。他临终留下遗言："我从自己一生的经历中深深体会到，西藏人民只有跟着共产党和毛主席，只有坚持团结爱国进步，反对分裂倒退，才有光明的前途！"

（张月霞　供稿）

参考文献

①强俄巴·次央、朗杰紫丹：《论著名学者擦珠·阿旺洛桑与西藏教育》，《西藏大学学报》2013年第1期。

②秦永章：《擦珠·阿旺洛桑——西藏历史上第一位赴日留学生》，《中国西藏》2004年第1期。

③拉巴平措：《缅怀先辈爱国情怀　继承先辈未竟事业——纪念著名学者、爱国诗人擦珠·阿旺洛桑先生逝世55周年》，《中国西藏》2013年第3期。

④何卫勇：《爱国爱藏的好榜样——擦珠·阿旺洛桑》，马卫东、白玛仁增主编：《汉藏一家人》，西藏人民出版社2021年版。

⑤杨化群：《我所结识的西藏著名诗人、学者擦珠·阿旺洛桑活佛》，《西藏艺术研究》1994年第1期。

⑥邱熠华：《论和平解放后擦珠·阿旺洛桑对西藏文化事业的贡献——以〈西藏日报〉（汉文版）报道为中心的考察》，《中国藏学》2021年第2期。

第一个中央人民政府驻藏代表

1951年5月23日，以李维汉为首席全权代表、张经武为全权代表之一的中央人民政府代表团，同以阿沛·阿旺晋美为首席全权代表的西藏地方政府代表团经过谈判，签订了《中央人民政府和西藏地方政府关于和平解放西藏办法的协议》（简称“十七条协议”）。但在协议签订之前，西藏分裂主义分子勾结帝国主义，挟持达赖喇嘛逃到中国边境亚东，企图以此破坏西藏的和平解放。达赖喇嘛能否回到拉萨成为协议能否履行、西藏能否和平解放的关键问题。在此紧要关头，党中央任命身经百战、智勇双全的张经武为

1951年5月，张经武（左二）等和西藏地方政府代表进行谈判

中央人民政府驻藏代表，前往亚东劝说达赖喇嘛返回拉萨。

中央代表赴藏，代表中央政府统一管理涉及西藏的有关国防和外交等的重大事宜，毛泽东主席再三叮嘱：“赴藏任务重大，要注意方式方法，统战上层，爱国一家。当前最要紧的是一定要说服达赖回到拉萨。”

一到亚东，张经武立即通知噶厦政府，希望尽快与达赖喇嘛见面，但断然拒绝了几位噶伦提出的会见时达赖喇嘛要举行“升座”仪式（封建式的君臣相见仪式）的要求，因为他是中央人民政府派出的驻藏代表，会见仪式必须正确体现西藏地方隶属于中央政府的关系。

7月16日，张经武在东噶寺与达赖喇嘛会见。他献上哈达，问候达赖喇嘛身体健康，并转达了毛主席的亲笔信、“十七条协议”副本和两份很重要的附件。随后，又向达赖喇嘛介绍了和谈情况、“十七条协议”和两个附件的主要内容，阐述了中国共产党的民族宗教政策。经过商谈，达赖喇嘛表示会于7月21日离开亚东返回拉萨，对于“十七条协议”，他始终没有表态。

达赖喇嘛启程两天后，张经武也从亚东出发并先于达赖喇嘛回到拉萨。当时，西藏上层普遍对中央政策、“十七条协议”不了解，顾虑、怀疑较多。以鲁康娃·才旺绕登、本珠仓·洛桑扎西为代表的顽固分子受帝国主义挑唆，公开反对“十七条协议”，反对解放军进驻西藏。对此，张经武没有慌乱，他根据中央指示，慎重稳妥地开展上层统战工作，几次携带礼物看望回到拉萨的达赖喇嘛，传达毛泽东主席和中央人民政府的关怀，并督促达赖喇嘛对“十七条协议”表明态度。他还逐个走访西藏地方政府的司曹、噶伦、札萨等主要官员以及几个大寺庙的活佛、堪布，给他们赠送礼物，宣传“十七条协议”精神和中央人民政府的民族宗教政策。张经武通过坚持不懈的多方努力，团结了西藏僧俗上层中的爱国人士，争取了中间分子，分化了顽固分子，稳定了西藏的政治局势，促成了达赖喇嘛对协议的赞同。

10月24日，达赖喇嘛终于以西藏地方政府和他个人的名义，给毛主席发去拥护“十七条协议”的电报。10月26日，毛泽东主席复电，感谢达赖喇嘛为履行协议做出的努力。这一天，中国人民解放军进藏部队举行了盛大庄严的入城式。

1952年3月，张经武被任命为中共西藏工委书记，代表中央统一领导西藏党政军工作。他在西藏工作了15年，遵照党中央的指示和党的民族宗教政策，积极统战上层、影响群众，带领驻藏部队和西藏各族人民平息叛乱、实行民主改革，使西藏完成了从封建农奴制度到社会主义制度的伟大跨越，迎来了新西藏历史上一个欣欣向荣的崭新时代。同时，他还为西藏自治区的成立以及西藏民族区域自治工作的开展做了大量奠基性的工作。

1952年3月31日，以鲁康娃·才旺绕登为首的少数西藏上层反动分子在帝国主义策划下，利用传统宗教活动召开了伪“人民会议”，纠集1 000多人的武装队伍包围了党政机关和张经武的住所。他们在周围房顶上架满机关枪，疯狂地叫嚷“解放军撤出西藏”“西藏的制度不能改变”。彼时，张经武身边只有一个警卫班。他临危不乱，命令警卫班加强警戒，一定避免发生冲突和流血事件，同时通过电话和西藏军区司令员张国华、政委谭冠三研究部署了军事力量，以防突发事变；他又本着“统战上层，爱国一家”

的原则请来噶厦政府全体官员，说明拉萨市区混乱情况的严重性以及西藏工委面临的威胁，并严正指出，这是一起中外反动分裂势力有组织、有计划的损害国家统一、损害全体西藏人民根本利益的武装叛乱，地方政府必须立即采取有效措施予以制止。张经武还与伪“人民会议”进行了斗争，他强调：我们坚决按照和平协商的原则办事，力争通过和平方式消弭骚乱，万一有人执迷不悟，硬要扩大事态，我们将被迫坚决自卫，其后果由肇事者自负。他也致信达赖喇嘛，要求立即下令制止叛乱。在张经武有理、有节的斗争下，噶伦们认识到了事态的严重性，阿沛·阿旺晋美等噶伦当场提出：情愿留在张代表驻地，一同应付局势，避免事态扩大。那些张牙舞爪的叛乱分子最终未敢轻举妄动。

但事态并没有像张经武所要求的那样得到控制，反而进一步恶化。第二天，反动分子再次武装包围了张经武的住所和解放军办事机构；2 000多名僧人冲入拉萨市区，密谋抢劫布达拉宫的武器武装自己。张经武根据中央的指示，屡次与达赖喇嘛和噶厦政府协商制止叛乱事宜，尽最大努力避免武装冲突，维护民族团结和社会安定。

4月7日，张经武参加了噶厦政府会议。在会上，他以四条无可辩驳的证据证明了伪“人民会议”幕后有部分噶厦政府官员支持，几个司曹为主要组织者的事实。4月8日，张经武应邀前往戒备森严的布达拉宫与达赖喇嘛见面，只带了翻译和两名警卫员。临行前，他说：“不论出现任何情况，去布达拉宫向达赖当面讲明中央的态度和我们的立场，既可以争取团结达赖和教育西藏上层人士，也有利于广大藏族群众的觉醒。我这次进布达拉宫，有牺牲的可能，但

1953年初，张经武（左四）和中共西藏工委有关工作人员合影

牺牲是为了西藏人民的解放，值得。”在布达拉宫，张经武向达赖喇嘛说明了这次骚乱的情况，传达了中央人民政府制止骚乱的方针，要求立即撤销两司曹的职务，解散伪“人民会议”。在张经武的耐心劝说和坚决斗争下，4月27日，达赖喇嘛宣布撤销鲁康娃、洛桑扎西的司曹职务。5月1日，西藏军区和西藏地方政府联合发出布告，宣布伪“人民会议”为非法组织，予以取缔。

在平息此次叛乱的过程中，不管形势多么严峻、情况多么危急，张经武始终沉着冷静地执行党中央的指示，遵守党的民族宗教政策，不畏艰险、不怕牺牲，最大限度地团结、争取爱国力量，因此使西藏的局势由动荡转为安定。

1956年春，有些干部急躁冒进，要实行民主改革，引起了一些西藏上层人物的疑虑。张经武教育干部要从西藏实际出发，克服急躁情绪，统一了认识并上报党中央，粉碎了反动分子妄图借以制造民族矛盾、打击爱国进步力量的阴谋。同年党中央接受中共西藏工委的建议，公开宣布：因条件不成熟，西藏的民主改革“六年不改”，六年过后，是否进行改革，依据实际情况再做决定。

1959年3月10日，西藏上层反动集团不甘失败，公然撕毁“十七条协议”，发动了以拉萨为中心的武装叛乱。正在北京开会的张经武和西藏军区司令员张国华接到情况通报后立即电告主持党政军工作的谭冠三：坚定地依靠西藏百万农奴和广大干部，团结广大爱国进步人士，断然下令反击叛乱，并极力争取达赖喇嘛回头。驻藏部队在谭冠三的指挥下，仅用两天时间就平定了拉萨市区的叛乱，到1961年，肃清了西藏境内的残余武装叛乱势力，取得了西藏平叛的胜利。

平定这次武装叛乱后，中央决定放手发动群众，实行民主改革。张经武带领工作队深入基层，开展了大量深入细致的调查研究，并通过建立改革试点的科学方法，总结经验，制定决策。经过艰苦的努力，到1961年，西藏农牧区和寺院的民主改革顺利完成，黑暗腐朽的农奴制度被摧毁，百万农奴翻身做了主人，西藏社会制度实现了历史性跨越，整个社会焕发出前所未有的生机。

在进行民主改革的过程中，党中央充分考虑西藏的实际情况，对爱国农奴主的土地实行赎买政策：国家购买下来，再分给农奴。张经武和其他领导同志一起忠实地执行了这一政策，有的爱国人士不愿接受赎买金，张经武就再三地、真诚地劝他们收下。这样，既使西藏农奴分得了土地，废除了封建农奴制度，又维护了爱国人士的利益，增强了民族团结。

张经武不但注重统战上层，还利用一切机会开展影响群众的工作。他和工委、军区的其他领导一起，积极开展培养民族干部、向农牧民发放无偿贷款、创立医院和派出免费医疗小组、组织贸易、开办学校等工作，促进了西藏各项事业的蓬勃发展。西藏人民感慨地说："共产党好！解放军好！张代表和我们心贴心！"

1961年10月，民主改革接近尾声，西藏普遍成立了农牧业生产互助组，有的同志想趁热打铁，立即进行社会主义改造。张经武依照中央提出的西藏五年之内不办合作社、稳定个体所有制的指示，说服大家不要硬搬内地经验，应让翻身农奴享受民主改革成果，休养生息。为了贯彻执行党的"慎重稳进"方针，他还下乡蹲点调研，进行思想政治教育，为西藏农牧区的社会主义改造做准备。

实行民族区域自治是我国的一项基本政策，"十七条协议"中规定："在中央人民政府统一领导下，西藏人民有实行民族区域自治的权利。"张经武在西藏工作期间，为西藏自治区的成立及西藏民族区域自治工作的开展做了大量的奠基性工作。

1954年9月15日，第一届全国人民代表大会第一次会议在北京举行。会议召开前，张经武与西藏工委根据中央指示，经过艰苦努力，冲破了西藏地方政府分裂势力设置的重重障碍，成功争取了达赖和班禅一同前往北京出席会议，并亲自护送达赖到北京。达赖和班禅出席第一届全国人民代表大会第一次会议，是新中国西藏地区代表参与国家事务的开始，表明西藏人民按照国家宪法行使参与国家重大事务管理的权利，进一步加强了民族团结。会后，经在京的西藏各方面代表人物反复协商，成立西藏自治区筹备委员会的方案定了下来。

1955年3月，国务院第七次全体会议通过了《国务院关于成立

1960年2月，张经武（右一）在山南地区乃东县视察

西藏自治区筹备委员会的决定》，张经武被任命为中华人民共和国主席办公厅主任，兼任中央人民政府驻西藏代表和中共西藏工委书记。

1956年4月，作为中央人民政府代表的张经武在西藏自治区筹委会成立大会上提出了三点希望：第一点，也是最重要的一点是加强团结、巩固团结；第二点是要注意培养本民族的干部；第三点是大家要继续发扬爱国主义精神。

1964年，中央决定让张经武留京工作，但继续担任西藏工委第一书记。此后一年多，他虽人在内地，仍然为西藏的发展操劳。1965年9月，西藏自治区成立。张经武以中央人民政府驻藏代表、西藏工委第一书记、中央代表团副团长的身份，最后一次回到拉萨，祝贺西藏自治区成立，向西藏人民做了深情告别，为他在西藏的工作画上了一个圆满的句号。

1951年5月至1965年9月，是西藏人民摆脱黑暗腐朽的封建农奴制、翻身做主人的时期，是西藏历史上的关键时期，也是波谲云诡、形势错综复杂的时期。中央驻藏代表、中共西藏工委书记张经武不辱使命，圆满完成了艰巨的统战任务，保证了党中央关于西藏的工作方针的贯彻执行，保卫了祖国的西南边防，维护了祖国领土的完整和主权的统一，使西藏实现了从封建农奴制社会到社会主义社会的伟大跨越，也让民族团结之花在雪域高原绚丽绽放。

（张月霞　供稿）

①苏振兰、苗洪文：《张经武中将与西藏》，《党史博采（纪实）》2008年第6期。

②勉之、永亮：《张经武的西藏情结》，《档案时空》2007年第9期。

③饶春艳：《张华川忆父亲张经武：他将忠诚智慧留在西藏》，中国西藏网2013年12月24日。

④中共西藏自治区党委党史研究室：《张经武与西藏解放事业》，中共党史出版社2006年版。

⑤周燕：《中央驻藏代表张经武与西藏和平解放》，《光明日报》2011年7月17日。

让幸福之花开遍西藏

1951年5月23日，中央人民政府的全权代表和西藏地方政府的全权代表在北京签订《中央人民政府和西藏地方政府关于和平解放西藏办法的协议》，宣告了西藏的和平解放。从此，西藏历史掀开了崭新篇章。

民主改革的实施，使西藏百万农奴翻身解放、当家作主；民族区域自治的实行，使西藏社会制度实现历史性跨越；改革开放和现代化建设的推进，使西藏各族人民生产生活条件不断提高……以和平解放为起点，西藏人民永远摆脱了帝国主义的侵略和羁绊，走上

张国华

张国华和妻子樊近真

了繁荣昌盛的光明大道。今天的大好局面来之不易，那些为社会主义新西藏的诞生和发展做出了开创性与奠基性工作的先辈们，应该永远被我们铭记。率部进藏，扎根17年，为西藏的稳定与发展立下汗马功劳的张国华就是其中的一位。

1949年12月，毛泽东主席在出访苏联的火车上做出了“进藏宜早不宜迟”的战略决策。1950年1月2日，毛主席电报指示西南局，西藏必须解放，并改造为人民民主的西藏，由中共中央西南局来担负进军西藏及经营西藏的主要任务。出兵，选帅非常重要。在遴选进藏部队带队人时，西南局的刘伯承与邓小平不约而同选择了时任十八军军长张国华。

1950年1月8日，张国华被召到位于重庆曾家岩的西南局临时办公地商谈进藏事宜，他以一句“一切听从党安排”爽快答应带队进藏。

此前，十八军已奉命开赴川南驻守，突然要进军西藏，很多官兵思想上转不过弯来。张国华便和政委谭冠三一起，在全军上下开展政治思想教育。在1月25日的全军动员大会上，张国华慷慨激昂地发言：“过去我们能协同兄弟部队解放一个省会，消灭几万敌人，就兴高采烈，觉得很了不起。而这次进军西藏，是以我们十八军为主，不只是解放一个省会，而是解放全西藏，完成祖国大陆统一大业。以后还要由我们到那里去开创党的工作。这不值得我们自豪吗？进军西藏确实很苦，以解除人民痛苦为己任的解放军能眼看人民苦难而不管吗？”

为了提振士气，在乐山举行的进藏先遣部队誓师大会上，张国华背着三岁的女儿难难进了会场，他说：“进军西藏，我要去，我

十八军部分首长合影（前排左为司令员张国华，前排右为政治委员谭冠三）

老婆要去，我女儿也要去。”军长背女誓师的做法让官兵们热血沸腾，进藏积极性空前高涨。不幸的是，不久，难难因病去世。难难的母亲樊近真是当时稀缺的财经人才，被组织安排进藏筹建银行，但女儿的去世让她意志消沉，加上有孕在身，她对是否进藏有些迟疑。张国华劝导她说：“共产党员不能计较个人利益。到西藏那样艰苦的地方去，困难肯定很多，但党的事业需要你，你是共产党员就应该去。”樊近真最终把刚满一岁的儿子留在川西，也加入了进藏大军。

在乐山誓师时，张国华带领全军指战员向党中央、毛主席宣誓：“坚决把五星红旗插在喜马拉雅山上！”“让幸福之花开遍西藏！”部队还给每个官兵发了一本笔记本，笔记本的第一页印着一行字——“一定要把五星红旗插上喜马拉雅山”，封面上印着一幅画：解放军战士们高举着五星红旗，向雪山顶峰攀登。此后，“把五星红旗插在喜马拉雅山上”“让幸福之花开遍西藏”深入进藏官兵的内心，成为一面精神旗帜。

除了思想动员，其他各项准备工作也在紧锣密鼓地进行。1月24日，经上级批准，以张国华为第一负责人的西藏工作委员会成立。2月28日，受西藏工委领导的西藏问题研究室（3月改名为十八军研究室）成立，负责对西藏政教问题以及经济、文化、军事、社会等各领域情况进行调研并写成报告，为军部制定进藏政策提供参考。在此基础上，张国华主持制定了《进军西藏守则》，这既有利于消除部队广大官兵因对西藏茫然无知而产生的种种顾虑，又有利于保证党的民族宗教政策的落实。此外，全军上下还开展了军事体能训练、高原化生活习惯的培养以及藏语学习活动。

副政委王其梅、参谋长李觉率领的先遣部队出发前，张国华一再嘱咐："部队进藏一定要坚决执行毛主席'进军西藏，不吃地方'的指示，特别要尊重当地人民的宗教信仰、风俗习惯，保护寺庙，不住寺庙，不住藏民家中的经堂，即使风雨交加、冰雹乱舞，也不要进寺庙干扰喇嘛诵经，最多到寺庙的房檐下暂避一下。"进藏途中，王其梅和李觉严格执行民族宗教政策，康区藏族头人夏克刀登对此给予高度评价。张国华率领十八军主力部队进藏，所到之

十八军渡江口

处，秋毫无犯，还想方设法为百姓排忧解难。解放军因此受到了藏族群众的衷心支持和广泛拥护，甘孜白利寺的格达活佛主动要求去昌都、拉萨向西藏地方政府说明中央关于和平解决西藏问题的诚意和“十条政策”内容，劝说其同中央谈判。

不幸的是，在英国特务的唆使下，西藏地方政府将格达活佛毒杀，还在金沙江沿岸布下重兵，妄图以武力阻挡解放军进藏。张国华遵照中共中央“以战促和”的指示，于1950年10月6日打响了昌都战役并取得胜利，给西藏地方政府上层反动势力以沉重打击，为和平解放西藏铺平了道路。指挥战役时，为全面掌握前线情况，张国华昼夜守在报话机前，以香烟来提振精神，因为太过紧张劳累而患上了高血压。

昌都战役后，达赖喇嘛于1951年2月派出西藏地方政府全权代表前往北京，与中央人民政府谈判。5月，张国华奉命回京，与张经武、孙志远一起以中央人民政府全权代表的身份参与西藏和平谈判，并达成了“十七条协议”。协议签字当天，毛主席接见了张国华，叮嘱他：“你们在西藏考虑任何问题，首先要想到民族和宗教这两件大事，一切工作必须慎重稳进。”

入藏后，张国华先后担任过中共西藏工作委员会书记、西藏军区司令员、中共西藏自治区委员会第一书记等重要领导职务，和这些机构领导班子的其他成员一起坚决执行“慎重稳进”“经营西藏”的方针，执行、维护“十七条协议”，遵守和贯彻党的民族宗教政策，肩负起建设新西藏的重任。

张国华十分注重统战工作，始终坚持团结一切爱国进步力量共同建设西藏。初进拉萨，他到布达拉宫和三大寺看望达赖喇嘛、僧人和信教群众，按照藏传佛教仪轨散布施、献哈达。面对分裂分子“把解放军饿走”的叫嚣，他遵照党中央“生产与筑路并重”的指示，组织部队开荒生产、修建进藏公路自救；又通过发展贸易，发放农牧生产工具、无息农业贷款，在农场和修路工程中提供就业机会等方式，帮助藏族百姓改善生活。藏族群众把解放军称为“金珠玛米”，意为“拯救苦难的菩萨兵”。

西藏和平解放后，帝国主义势力和西藏上层分裂主义分子不甘失败，利用宗教信仰破坏民族与军民关系。张国华和其他工委领导一起，遵照党中央“一边平叛，一边改革”的指示，领导平定了分裂主义分子发动的几次叛乱，不但维护和巩固了国家的完整统一，也清除了阻碍西藏民主改革的顽固势力。

1956年，中央宣布对西藏实施“六年不改”方针，这团结了大批西藏进步分子，为西藏的长治久安奠定了广泛的群众基础。1959年的拉萨武装叛乱中，许多寺庙与叛匪有瓜葛，有指战员一气之下主张扫平寺庙。张国华不赞同：“不能！划叛乱寺庙要有确凿的、足够的证据。”一句话使大量寺庙免于损毁，避免了对无辜僧侣和信教群众的感情伤害，张国华也因此被藏族同胞誉为“佛光将军”。

1959年5月，张国华主持工委会议，制定了《关于当前在平叛工作中几个政策问题的决定（草案）》，经中央批准后，军区、工委派出大量干部下到农牧区，与翻身农奴同吃同住同劳动，征求藏族同胞对改革的意见，让百姓们看到了共产党的干部与他们同甘共苦的真诚。在充分调研的基础上，民主改革工作进展顺利，1961年底，改革基本完成。西藏百万农奴获得了新生，雪域高原出现了新西藏历史上一个欣欣向荣的崭新时代。为此，藏族同胞称赞张国华是“新西藏的开拓者”。

1962年，对印自卫反击战爆发，张国华被任命为前线总指挥。他制定了缜密的作战计划，以迂回后方突袭和正面猛火攻击相结合的战术，打得印军落花流水，保卫了祖国西南边境的安宁，维护了祖国领土安全，提高了祖国国威与军威。经此一战，张国华获得了“喜马拉雅战神”的美誉。

早在1951年2月，张国华根据党中央和西南局的指示精神，在十八军后方部队第一届党代会上提出了把“长期建藏”作为部队政治思想的指导方针。此后，在军区的多次党代会上，他反复向党员干部强调加强长期建藏思想教育的意义，号召大家将之与建军宗旨教育、共产主义人生观教育结合起来，提高全军热爱祖国、建设西藏的全局观念和责任意识。这些举措使部队在西藏牢牢扎下根来，建立了一支在西藏工作三四十年的“老西藏”干部队伍，为西藏各项建设做出了重要贡献。

1962年对印自卫反击战中，张国华（前排中）在前线指挥作战

进藏17年，张国华为西藏的稳定与发展繁荣殚精竭虑，不遗余力。在张国华等工委、军区领导影响下，广大官兵用热血和汗水浇灌西藏这片热土，熔铸出以“特别能吃苦、特别能战斗、特别能忍耐、特别能团结、特

别能奉献”为主要内涵的“老西藏精神”，这成为促进西藏发展的宝贵精神财富。在中国共产党的正确领导下，在“老西藏精神”的激励下，西藏各族人民阔步前行，西藏未来的发展之路定会越来越宽广、越来越顺畅，雪域高原的幸福之花将会越开越繁盛、越开越美丽。

（张月霞　供稿）

①《解放西藏第一将军张国华》，《党史博览》2017年5月23日。

②王惕贝：《为西南边境和平而战的张国华》，《学习时报》2020年3月23日。

③刘培勇：《开国中将——张国华》，马卫东、白玛仁增主编：《汉藏一家人》，西藏人民出版社2021年版。

高原有幸埋忠骨

贺人民解放军进驻拉萨

汉将班超斗敌顽，拯民水火戍边关。
卅载忠心护西域，定远侯名万古传。
茫茫雪山疆域宽，祖国版图岂容奸。
驱逐英帝和匪叛，进军宜早不宜晚。
大军西进一挥间，二次长征不畏难。
数月艰辛卧冰凌，世界屋脊红旗展。
男儿壮志当报国，藏汉团结重如山。
高原有幸埋忠骨，何须马革裹尸还。

1951年10月26日，人民解放军第十八军主力部队进入拉萨并举行了庄严的入城仪式，时任十八军政委谭冠三心潮澎湃，写下了这首《贺人民解放军进驻拉萨》，抒发了不怕困难、不怕牺牲，勇歼敌顽、守卫边疆、维护祖国统一以及建设边疆、维护民族团结的壮志豪情和革命乐观主义精神。这首诗歌也是这位“雪山名将”后半生的真实写照。作为第一批在党的领导下为西藏的解放、发展进步而开拓和奠基的著名人物，谭冠三在解放西藏、执行“十七条协议”、平叛与民主改革、对印自卫反击战中均做出了突出贡献。他热爱祖国，忠于党，忠于人民。他无私无畏，敢于担当，甘于奉献。他注重民族团结，热爱西藏这片土地和人民，堪称“老西藏精神”的倡导者、实践者和杰出代表。

1950年1月初，刚刚洗去征尘的十八军将士正奉命开赴川南，准备享受和平安定的生活，政委谭冠三已经被任命为自贡市委书记。然而，就在此时，十八军被党中央和中共西南局选定为进军西藏、经营西藏的主力部队。从温暖富庶的川南转赴高寒缺氧、情况复杂的西藏，很多官兵思想上难以接受，产生了抵触情绪。为了鼓舞士气，在军党委扩大会议和全军干部会议上，谭冠三明确表态：“我谭冠三决心响应党中央、毛主席的号召，到西藏去，把老婆也带去，不在川南安家。我决心同藏族同胞一起，为把帝国主义势力驱逐出西藏，建设民主幸福的新西藏，贡献自己的一生，我愿将这把老骨头埋在西藏。”在整个十八军中，谭冠三的年龄最大，资历最老，身体最差，体内还残留着日军的弹片，脑部也受过严重损伤，且患有严重高血压，他最有理由拒绝进藏。因此，他的表态在全体党员干部中产生了强烈反响，起到了良好的表率作用。

谭冠三

除了以身作则，谭冠三还和张国华等军党委领导一起，在全军上下开展爱国主义、形势任务等教育，揭露帝国主义和西藏上层分裂势力的阴

进军西藏途中的十八军官兵

谋，回顾十八军在革命战争时期的艰难历程和光辉战绩，阐明进军西藏、解放人民的重大意义。此外，他还紧紧抓住将士崇尚荣誉的心理，提出“逃兵一律不准去西藏，就地转退地方”。这些举措对于稳定军心、凝聚人心发挥了巨大作用，全军思想觉悟普遍提高，积极主动地准备进藏。

进藏部队到甘孜后，为使官兵们适应高原行军和工作，拉近与藏族群众的距离，谭冠三组织大家进行“生活高原化”的锻炼与实践，并率先吃糌粑、喝酥油茶，学习藏语。部队进入高寒缺氧的生命禁区之后，粮食不足，燃料奇缺，大米煮不熟，成为夹生饭，这时最好的食物就属糌粑了。战士们感慨地说：“幸好谭政委在甘孜组织了那场生活高原化的训练，才能吃得下，救了这条命。”

进入高海拔地区，谭冠三高原反应非常强烈，经常头痛欲裂，胸口憋闷，全身浮肿，但他凭借坚强意志强忍痛苦，和大家一起艰难挺进。作为高级干部，谭冠三有战马骑，但他经常把坐骑让给伤病员或者体弱的同志，自己徒步前进。每到行军驻地，他还不顾疲劳和病痛，下部队视察，实在体力不支，就让警卫员搀扶着去看望和慰问大家，鼓励众人发扬红军的光荣传统，战胜困难，尽快到达拉萨。

进藏部队初到拉萨，由于交通不便，供给十分困难。遵照毛泽东主席“进军西藏，不吃地方，屯垦戍边，寓兵于民”的指示，中共西藏工委发起了开荒生产活动，谭冠三担任生产委员会主任。在机关军人大会上，他用唐僧取经的故事借古喻今：“取经路上的环境比现在恶劣很多，但是唐僧师徒四人战胜了各路妖魔鬼怪，克服了各种艰难险阻，最终顺利取回真经。我们是中国共产党领导的人民军队，有着钢铁般的意志，我们已经取得了昌都战役的胜利，现在还有全国各族人民的支援，难道不能学习抗日战争时期延安和南泥湾的军民那样自力更生、开荒生产，渡过目前的难关吗？”他生动的话语增强了战士们开荒生产、战胜困难的信心和斗志。

1951年冬，谭冠三与西藏地方政府协商，争取到拉萨西郊一片贫瘠的河滩。在零下10多摄氏度的酷寒里，年近半百的谭冠三以工地为家，率领官兵起早贪黑地开荒。他们用帐篷钉撬动砂石，用手一棵一

十八军进入拉萨

棵地拔出荆棘，用铁镐一点一点地砸开冻土。晚上，谭冠三和战士们一起住在帐篷里，给大家讲井冈山、万里长征的故事，讲南泥湾精神，鼓舞士气。为提高开垦效率，他还组织官兵开展劳动竞赛活动，大家比质量、赛工效，只用了17天就开荒2 300多亩，超额完成了原定的开荒任务。为给土地积肥，谭冠三带领官兵到拉萨城背粪，不到一个月，背光了布达拉宫前的千年粪山和整个拉萨城的人畜粪便，荒地成了沃土，拉萨也变得清洁了。谭冠三又趁热打铁，组织了拉萨历史上第一批公厕的修建。

在肥沃的土地上，谭冠三带领战士们精耕细作，种植了粮食和蔬菜。1952年秋收时节，共收获蔬菜60万公斤、粮食10余万公斤。这年秋天，谭冠三经与军区其他领导商量，抽调部分有生产经验的干部、战士组成生产队，在新开垦的土地上建起了八一农场，他兼任农场党委书记。一有空闲，他就到农场劳动，灌溉、除草、施肥、观察幼苗……带领大家反复试验，在农场试种成功了西红柿、冬瓜、芹菜等十几种从未在拉萨种植过的蔬菜。1953年秋，谭冠三和张国华一起邀请西藏上层爱国人士、贵族、僧人以及附近藏族群众来农场参观。参观者看到昔日的荒滩上生长出各种蔬菜，都深感震撼，称赞人民解放军是好样的。

谭冠三还积极支持八一农场试种苹果，批准农场去山东、河南等地买苹果树苗，请苹果种植专家来指导。他到内地开会，常常带回一些果树苗。他还开垦了一个小苹果园，动手试验。后来，农场的苹果喜获丰收，结出了又甜又脆的苹果。为了纪念谭冠三，这种苹果被称为“将军苹果”。

八一农场的建设是西藏现代农业的开端，不仅为进藏部队的工作生活奠定了物质基础，在政治上也产生了巨大影响：极大地鼓舞了进藏部队长期建藏的勇气和信心，同时使西藏上层爱国人士感受到驻藏部队执行“十七条协议”的决心和力量，使广大藏族农牧民不再担心解放军“会像水一样地流走了”。此外，还对当地的农业生产起到了示范作用，中共西藏工委也办了一个七一农场，不少藏族群众前来学习农业生产技术和经验。正如谭冠三经常向战士们说的那样，在被称为“世界屋脊”的青藏高原搞生产，撒下的不仅是白菜的种子、萝卜的种子，还是希望的种子、团结的种子、富裕繁荣的种子啊！

在谭冠三心中，民族团结重如泰山，无论做什么工作，他都积极地执行党的民族宗教政策，尊重藏族同胞的宗教与风俗习惯，帮助他们发展生产、改善生活。农场成立之后的前两年，主要种植小麦、蔬菜，不仅产量高，也合进藏部队的口味。但为满足藏族群众的需求，农场转而大面积种植青稞，虽然青稞的产量不如小麦高，但青稞深得藏族同胞的心。当时西藏的街上有很多流浪儿，谭冠三和张经武、张国华等几位领导同志商量后，把这些流浪儿招到农场，当作建设新西藏的人才来培养。白天，谭冠三带他们参加劳动；工作之余，则安排他们学习文化，有时候还亲自给他们上课。这些孩子的命运因此而改变，其中的很多人后来成为

十八军向老百姓购买牛粪

谭冠三和藏族同胞一起修水渠

建设西藏的骨干力量。

1953年1月，西藏军区和西藏地方政府联合成立了筑路委员会，谭冠三任筑路委员会主任，领导康藏公路西线的筑路工作。修路过程中，西藏地方政府也派出了一批藏族民工参与。谭冠三敏锐地意识到，这是在藏族同胞中宣传共产党和解放军的好机会，他要求官兵们在筑路工作中做好统战工作：一方面，向藏族民工宣传党的民族宗教政策和人民军队的宗旨与纪律；另一方面，在工作、生活中帮助和关心藏族民工，把每个民工的冷暖饥寒挂在心上，并为生病的民工免费治病。为了避免民工工钱被工头贪污，谭冠三要求和民工本人结算工钱，或者干脆直接给他们买食物吃、买鞋穿。这些举措深深地打动了藏族民工的心，他们用歌声来表达内心的感动："我们都是西藏生西藏长，从未见过你们这样的好心肠。共产党教导得好！毛主席像太阳！解放军的心和菩萨一模一样。"

1959年3月，拉萨上层反动集团发动了叛乱。当时，中央人民政府驻藏代表张经武和西藏军区司令员张国华都在北京开会，谭冠三担负起了政治领导和军事指挥的全部责任。他遵照党中央和中央军委指示，接连给达赖喇嘛写信，争取使其摆脱叛乱分子的影响和控制；为保护拉萨爱国人士的安全，挨家挨户动员他们到军区暂避，对不愿到军区避难的阿沛·阿旺晋美加以重点保护，令其非常感动。在军事上，谭冠三周密部署，严阵以待，当叛乱形势急剧变化时，指挥部队坚决反击，在敌众我寡的情况下取得了拉萨平叛的胜利。

谭冠三积极响应中央对驻藏部队提出的长期建藏、以边疆为家的号召，坚定地表示："为了巩固边防，为了西藏人民，我要在西藏革命一辈子，死在西藏，埋在西藏！"从1951年到1959年的8年间，他只因为开会回过内地两次。他舍小家为大家，舍弃了常人该享受的天伦之乐。1959年，回京向中央汇报西藏平叛情况和民主改革工作时，谭冠三才有了第一次短暂休假。在此期间，他将寄养在农村的两个孩子接到北京，这也是全家六口自1947年分离后第一次团聚。在谭冠三等领导干部的影响下，军区广大官兵自觉扎根西藏，不少人在西藏工作了10年、20年、30年，甚至一辈子。

因长期在高原带病坚持工作，谭冠三的身体每况愈下。1962年，他因严重高血压引起眼底出血，被组织强令回内地治病。在京治疗期间，他依旧盼望着有一天能治好病，重回西藏工作。

1985年，谭冠三与世长辞。临终前，他向组织提出的唯一要求，是把他埋葬在西藏的土地上，他想化成肥料，再为西藏人民做点贡献。遵照他的遗愿，他的骨灰被埋在八一农场，永远陪伴着他热爱的这片土地和人民。

谭冠三与进藏部队及其他进藏人员共同铸就的"老西藏精神"，将永远在雪域高原流传，激励后人为建设美丽和谐幸福的社会主义新西藏、为实现中华民族伟大复兴的中国梦而努力奋斗。

（张月霞　供稿）

参考文献

①孙加夫：《谭冠三带领我们开荒生产》，《红岩春秋》2015年第7期。
②黄禹康：《谭冠三将军的西藏情结》，《文史春秋》2008年第7期。
③张小康：《雪域长歌——西藏1949—1960》，四川人民出版社2014年版。
④《谭冠三：毛泽东称赞他“为革命入了股”的功臣》，凤凰卫视2011年7月2日。
⑤尹洁：《谭戎生：70年前大军进藏相当于“二次长征”》，环球人物网2021年11月24日。
⑥中共西藏自治区党委党史研究室：《谭冠三与八一农场》，《西藏日报》2020年5月8日。
⑦翟新颖、冯登宁：《开国中将为何要求将自己葬在苹果树下？》，中国西藏网2015年9月25日。
⑧王明莲：《献身雪域树丰碑》，马卫东、白玛仁增主编：《汉藏一家人》，西藏人民出版社2021年版。

祖国统一和民族团结的坚定维护者

1951年5月23日，西藏地方政府和谈首席全权代表阿沛·阿旺晋美经过与中央人民政府全权代表友好交谈、反复协商，在中南海勤政殿签订了《中央人民政府和西藏地方政府关于和平解放西藏办法的协议》（简称“十七条协议”），西藏实现了和平解放。这是西藏历史上里程碑式的事件，标志着中国大陆实现了完全解放，新中国在西藏的主权地位得到完整体现，团结了各方力量，维护了西藏社会大局稳定，保障了中国共产党民族、宗教、经济、文化政策在西藏的实行，为西藏社会的发展改革打下了坚实的政治基础。

1951年5月23日，中央人民政府与西藏地方政府在北京中南海勤政厅签订“十七条协议”。后排左三为阿沛·阿旺晋美

阿沛·阿旺晋美

在和谈过程中，阿沛·阿旺晋美识大体、顾大局，向经印度来北京和谈的两位西藏地方政府代表讲述解放军在昌都执行“三大纪律、八项注意”及民族团结平等政策的情况，消除他们对中国共产党的疑虑；当双方在人民解放军是否进驻西藏的问题上产生重大分歧时，他站在维护西藏人民和全国人民最根本、最长远利益的立场上考虑问题，同意了中央人民政府提出的条件，为协议的签订发挥了关键的作用。阿沛·阿旺晋美在和谈中的表现与抉择，与其人生阅历与思想观念是分不开的。

阿沛·阿旺晋美原名霍康·阿旺晋美，1911年出生于西藏墨竹工卡一个贵族家庭，自幼跟随母亲在庄园里生活，和农奴的孩子结伴玩耍。孩童时期，他曾在贵族设立的私塾学习藏族传统文化，14岁时拜在佛学大师喜饶嘉措门下学习了三年。喜饶嘉措学识渊博、品德高尚，他鄙视贵族们的腐朽堕落和尔虞我诈，他还非常爱国，反对“西藏独立”。其言行举止对少年时期的阿旺晋美产生了很大的影响。学成归来后，阿旺晋美以少庄园主的身份代替母亲管理庄园，常常与农奴们一起收割青稞、放牧牛羊，对残酷剥削和压榨农奴的封建农奴制产生了不满甚至厌恶，心中有了民主思想的萌芽。阿旺晋美酷爱历史，对青史、红史及萨迦家族的历史都很感兴趣，能背诵经典作品的重要段落。通过学习历史，西藏自古以来就是中国的一部分的观念在他心中生根发芽，这也为他后来反对分裂打下了思想基础。

24岁时，阿旺晋美与出身贵族宇妥家的才旦卓嘎结婚。婚后，他承袭阿沛名号，改名为阿沛·阿旺晋美，进入贵族官员行列，因为能力出众，35岁时便升任孜本（审计官）。

1950年初，中央人民政府在命令人民解放军进军西藏的同时，通知西藏地方政府派代表到北京就和平解放西藏的事宜进行谈判。但是，以摄政达扎为核心的少数分裂主义分子在帝国主义的挑唆下谋求“西藏独立”，并为此连续召开官员大会，蛊惑甚至胁迫与会官员同意扩军备战，并向美国、英国、印度、尼泊尔等国乞求政治支持和军事援助。眼见官员们或慑于淫威，或惑于谣言，就要全体同意达扎的提议之时，以孜本身份担任会议主持人的阿沛·阿旺晋美毅然打破主持人不能发言的惯例，对分裂分子予以反击。他阐明了西藏自古以来就是中国的一部分的历史事实，提出西藏问题只能由中央政府解决，因此应派一个代表团去北京，同中央政府商谈；又通过揭示中央政府与西藏地方政府实力的悬殊，阐明了同解放军只能谈判不能打仗的道理。

阿沛·阿旺晋美有理有据的发言扭转了原来一边倒的局势，那些原来随声附和或者有异议却不敢发言的人都活跃起来，认为应该把阿沛·阿旺晋美的意见同原来的两个方案一起，作为会议结果上报噶厦和摄政，由他们最后决定。会议情况很快传到社会上，引起了强烈反响，很多人都赞同阿沛·阿旺晋美的意见，认为这是真正为西藏着想。

1950年7月，阿沛·阿旺晋美被噶厦政府破格提升为噶伦，并被任命为昌都总管。在赴任前，阿沛·阿旺晋美向噶厦和摄政写了报告，请求准许他到昌都后不接任总管职务，而是“一路东去，溯水寻源，找解放军谈判”，但是这个请求没被批准。在赴任途中，阿沛·阿旺晋美耳闻目睹了扩军备战使田地荒芜，生产受到影响，百姓还要交军粮、军饷，生活苦不堪言的状况。到达昌都后，他立即向噶厦政府写报告陈述百姓的苦难，申请停止扩军备战。还没有得到批准，阿沛·阿旺晋美就下令遣散了被派往金沙江一线布防的8 000多名民兵，让他们回家恢复生产。1950年10月，昌都战役期间，阿沛·阿旺晋美率部归顺，并与解放军达成了进藏部队暂停西进、争取同西藏地方政府进行和平谈判的临时协议，又协助解放军遣散西藏地方政府的部队。昌都地区解放后，阿沛·阿旺晋美先后两次和在昌都的西藏地方政府官员40人联名上书，以亲身经历和对共产党解放西藏的方针政策的理解，说明解放军进军西藏是为了保卫国防，帮助西藏发展建设，敦请西藏地方政府指派代表同中央人民政府进行和平谈判。

这些信件和被释放回去的3 000多名西藏地方军队俘虏对人民解放军的高度评价，对于稳定惊慌失措的噶厦政府，促使达赖喇嘛下决心派出代表与中央人民政府和平谈判起了重要作用。

1951年2月，达赖喇嘛和噶厦政府任命阿沛·阿旺晋美为和谈的首席代表，同其他四位全权代表进京谈判。当年的五一劳动节那天，毛泽东主席在天安门城楼接见了他们，明确表示“我们是一家人，家里的事情，大家商量着办，就能办好”。短短几句话，让阿沛·阿旺晋美深受感动和启发。在后来的谈判过程中，尽管双方有不少分歧，但他本着“商量着办”的精神，同中央人民政府全权代表充分协商，以求达成一致意见。

“十七条协议”签订后，阿沛·阿旺晋美为全面落实协议内容付出了艰辛的努力。回到拉萨，他立刻向达赖喇嘛和噶厦政府报告签订协议的情况及协议的全部内容，并驳斥了拉萨流传的谣言。1952年2月，西藏军区成立，阿沛·阿旺晋美被任命为军区第一副司令员。积极参与部队建设的同时，他利用自己的人脉和威望，通过各种形式在拉萨各阶层人士中宣传“十七条协议”，按照中央政策发展壮大爱国力量，争取更多的人拥护和支持“十七条协议”，与那些破坏“十七条协议”的分裂分子进行坚决的斗争。1952年初，他不惧分裂分子的威胁、恫吓，配合中央代表和军区领导，同反对“十七条协议”的伪“人民会议”成员做斗争，最终将这一反动组织取缔。1956年11月，达赖喇嘛到印度参加释迦牟尼涅槃2 500周年纪念活动，盘踞在印度的分裂分子企图阻留达赖喇嘛并在印度成立所谓的“流亡政府”，以阿沛·阿旺晋美为首的爱国人士积极配合有关方面，努力做达赖喇嘛及其随行官员的工作，最终挫败了分裂分子的阴谋。在1959年的拉萨武装叛乱中，阿沛·阿旺晋美不顾个人安危，将叛乱分子的动向通报给中共西藏工委。为了争取达赖喇嘛，他冒着危险给达赖喇嘛送去了中共西藏工委领导谭冠三和他本人的书信。为平息叛乱，他发表广播谈话，呼吁武装分子放下武

1965年9月1日至9日，西藏自治区第一届人民代表大会在拉萨举行，西藏自治区正式成立。大会选举产生了西藏自治区人民委员会，阿沛·阿旺晋美当选为西藏自治区人民委员会主席。图为阿沛·阿旺晋美在大会上发言

器，民众不要支持武装叛乱。

“十七条协议”规定：“在中央人民政府统一领导下，西藏人民有实行民族区域自治的权利。”1956年4月，经国务院批准，西藏自治区筹备委员会成立，阿沛·阿旺晋美任秘书长。经过近十年的酝酿和准备，西藏自治区于1965年9月正式成立，阿沛·阿旺晋美当选为第一任西藏自治区人民委员会（后改为自治区人民政府）主席，担负起领导西藏人民实行民族区域自治、进行社会主义建设的重任。

“文化大革命”结束后，他作为全国人大常委会副委员长、全国人大民族委员会主任委员，参与了《中华人民共和国民族区域自治法》的制定。他积极贯彻中央民族工作会议精神，牢牢把握各民族共同团结奋斗、共同繁荣发展的民族工作主题，努力维护平等团结互助和谐的社会主义民族关系，多次深入民族地区考察调研，为推动民族地区发展、维护祖国统一和民族团结倾注了大量心血。

20世纪80年代末，在国际敌对势力的支持和流亡境外的西藏分裂主义集团的策划下，拉萨发生骚乱。阿沛·阿旺晋美旗帜鲜明地反对任何分裂祖国的行为。他还深入西藏各地考察调研，慰问驻藏解放军和各族干部群众，为稳定西藏局势做了大量卓有成效的工作。

2009年12月23日，阿沛·阿旺晋美病逝，新华社发布的讣告中称他为“伟大的爱国主义者，著名的社会活动家，藏族人民的优秀儿子，我国民族工作的杰出领导人，中国共产党的亲密朋友”，这是对他一生最好的注解。

（张月霞　供稿）

参考文献

①胡成海：《阿沛·阿旺晋美：走过百年历史风云》，《纵横》2008年第1期。

②朱稳坦：《阿沛·阿旺晋美：从达赖代表到国家领导人》，新民网2009年12月23日。

③《雪域忠诚：阿沛阿旺晋美引领西藏曲折前行》，凤凰卫视2010年1月2日。

④徐长安：《阿沛·阿旺晋美：总在历史的节点挺身而出》，中国新闻网2009年12月24日。

⑤《阿沛·阿旺晋美参加西藏和平解放谈判经历曝光》，《成都日报》2009年12月24日。

⑥降边嘉措：《阿沛·阿旺晋美与西藏的和平解放》，中国西藏网2018年4月9日。

⑦帕巴拉·格列朗杰：《永远值得我们尊敬和学习的典范——深切怀念藏族人民的优秀儿子阿沛·阿旺晋美》，《光明日报》2010年1月18日。

⑧《白皮书：〈十七条协议〉的签订，宣告西藏和平解放》，中国新闻网2021年5月21日。

⑨夏莉娜：《阿沛·阿旺晋美——献身于祖国崇高的统一事业》，《中国人大》2006年第12期。

⑩刘培勇：《爱国的和平使者——阿沛·阿旺晋美》，马卫东、白玛仁增主编：《汉藏一家人》，西藏人民出版社2021年版。

进藏部队的开路先锋

1950年1月2日，毛泽东给彭德怀、邓小平、刘伯承、贺龙等人发电报，要求西南军区就进藏的具体事宜进行筹划，最终，进军西藏这个光荣而又艰巨的任务落到了第二野战军十八军身上。进军前，邓小平就部队进藏需要注意的一些问题向张国华军长做了细致的交代，他说："解决西藏问题多靠政治，政策问题极为重要。""要靠政策走路，靠政策吃饭，军事政治协同解决……"

为了系统研究西藏情况，确定对藏政策以及进军、作战的方案、战术等，1950年2月下旬，十八军成立了一个类似智囊团的机构——政策研究室，副政委王其梅奉命兼任该研究室主任。3月29日，王其梅和李觉率领前进指挥所（以下简称"前指"）与北路先遣队先行出发以后，研究室主任由其他同志接任，但研究室依然归前指统领。

王其梅

王其梅曾先后就读于中国大学和民国学院，是十八军文化水平最高的首长，他的政治素质和政策理论水平较高，组织协调能力和社会交往能力也很强，且为人谦虚谨慎，做事周密细致，由他担任前指政委，兼管政策研究室工作，再合适不过了。

进军途中，王其梅领导前指和政策研究室的同志们克服种种困难，通过实地考察和广泛问询的方法，深入了解康藏地区的地形、道路、气候、兵要地志以及西藏的政治、军事、经济、民族、宗教等情况，对收集到的大量第一手材料进行认真分析研究，提出政策建议。在王其梅主持下，前指和政策研究室先后编写出《西藏各阶层对我进军态度之分析》《对各种政策之具体意见》《进军西藏应该注意和准备的事项》《英美帝国主义干涉西藏问题之趋向和我之对策》《进军守则》等，为中央和西南局制定《进军西藏及和平谈判的十大政策》提供了重要依据，对以后的和平谈判、签订“十七条协议”也提供了重要参考。西藏和平解放后，前指和政策研究室的同志成为西藏教育、宣传等领域的骨干力量，开创了西藏文化事业的新局面。可以说，王其梅是新西藏哲学和社会科学领域的奠基者。

在进军途中，王其梅和李觉严格遵守党的民族宗教政策以及军党委的指示，“靠政治走路，靠政策吃饭”“团结上层，影响群众，消除民族隔阂”。每到一地，王其梅都会有选择地拜访当地土司、头人、活佛、堪布等，向他们献上哈达，给他们丝绸、茶叶等，向他们宣传和平解放西藏的政策。他以身作则，要求部队不进寺庙、民房，不动百姓的一草一木，尊重藏族民风民俗和宗教礼仪，从生产和生活上帮助藏族群众；对待藏军俘虏，不杀，不辱，不取其钱财，并教育他们爱国反帝。在甘孜，先遣部队因交通中断面临断粮困境，但官兵们坚决不向群众征粮，靠挖野菜、捉地鼠、打麻雀充饥。当有群众反映“麻雀是神，不能打”的时候，王其梅即刻下令不准再打麻雀。连康区藏族头人夏克刀登都说：“下大雨，不让进就不进，不让住就不住，你们的政策太严了。”

昌都战役胜利之后，王其梅率前指（此时李觉已经调回军部，王其梅兼任前指司令员和政委）抵达昌都，就任昌都地区军管会主任。作为第一位进入昌都的解放军高级将领，王其梅耐心地向昌都僧俗上层人士宣传共产党的民族宗教政策，教育他们要团结爱国，和广大藏族人民一起为建设西藏做贡献。王其梅不仅从政治上启发教育他们，还在生活上关心照顾他们，把好房子都让给藏族僧俗上层人士居住，自己则和战士们住在帐篷里。王其梅的一言一行，使阿沛·阿旺晋美等藏族僧俗上层人士深受感动和教育，对共产党和解放军充满好感。在此基础上，王其梅进一步宣传和平解放西藏的十条政策，大力开展统战工作，取得了良好效果。1951年元旦，昌都各界人士发出争取和平解放西藏的签名书，呈送达赖和噶厦政府。阿沛·阿旺晋美与40名在昌都的西藏地方政府官员也两次写信给噶厦政府，通过亲身感受，破除有关共产党和解放军的不实传闻，据实传达中央政府和平解放西藏的方针，说明共产党建设国防、发展西藏的目的和决心，敦请西藏地方政府指派代表与中央人民政府进行谈判。

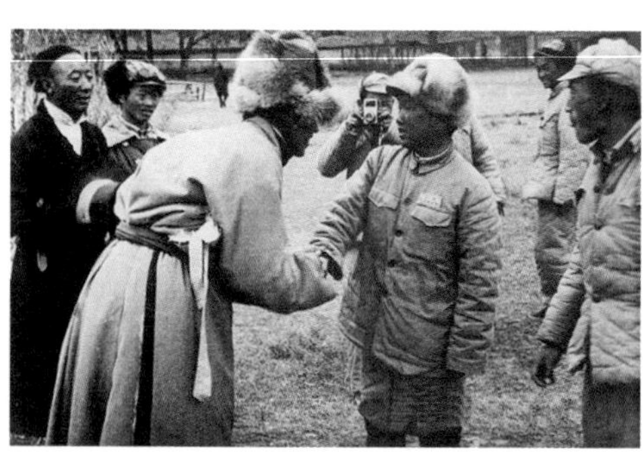
王其梅（中）与阿沛·阿旺晋美（左）

“十七条协议”签

订以后，王其梅又率领一支300人的先遣支队于1951年9月9日到达拉萨。初到拉萨之时，西藏上层反动势力趁解放军主力未到，散布谣言、寻衅闹事，煽动藏族群众抗拒解放军进驻。面对严峻形势，王其梅号召全体官兵保持清醒头脑，坚决地宣传、贯彻、执行“十七条协议”和党的各项方针政策，严格执行“三大纪律、八项注意”，以实际行动影响、团结藏族各界人士，消除民族隔阂。他常轻骑简从，登门拜访僧俗官员及各界人士，晓以团结爱国的大义，很快便赢得了藏族各界人士的信任，稳定了局势。

西藏是一个多民族聚居的地区，民族关系是最基本的社会关系，民族团结与社会安定是同一个问题的两个方面。处理好民族问题、做好民族团结工作，是关系祖国统一和边疆巩固的大事，是关系国家长治久安和中华民族繁荣昌盛的大事。从王其梅身上，我们可以得到启示：只有从战略和全局高度切实重视民族团结工作，坚持不懈地开展民族理论、民族政策、民族法规、民族团结等基本知识教育，高度重视和防范出现伤害民族感情、有损民族团结的不良信息的传播，真心实意地为各民族群众办实事、办好事，才能巩固和发展平等团结互助和谐的社会主义民族关系，促进各民族像石榴籽那样紧紧抱在一起，铸牢中华民族共同体意识，实现中华民族伟大复兴的中国梦。

（张月霞　供稿）

参考文献

①王贵、王昌为：《怀念王其梅首长》，《中国西藏》2014年第1期。
②任志伊：《王其梅的西藏情》，《老年人》2002年第7期。
③党岩石：《功在西藏　风范长存——纪念王其梅同志诞辰100周年》，《西藏日报》2013年12月27日。
④刘继荣：《缅怀老首长王其梅》，《新西藏》2016年第10期。
⑤王昌为：《回忆父亲王其梅与昌都的解放和建设》，《党史博览》2011年第7期。
⑥谈志兴：《十八军进藏的艰苦辉煌》，《文史春秋》2018年第5期。
⑦王淑：《十八军老战士魏克进军西藏日记（二）：细数进藏路上遇到的“拦路虎”》，中国西藏网2019年5月24日。
⑧叶宏宁：《长期建藏　边疆为家——王其梅》，马卫东、白玛仁增主编：《汉藏一家人》，西藏人民出版社2021年版。

进藏英雄先遣连

1950年8月，进藏先遣连官兵进军西藏

根据毛主席“自川、滇、青、新四省对西藏多路向心进军”的指示，1950年新疆军区成立独立骑兵师，准备从阿里进藏。由李狄三担任总指挥兼党代表的第一团第一连的135名战士作为进藏先遣连，于1950年8月1日从新疆于阗县誓师出发，踏上了解放西藏的征程。这个先遣连由汉族、蒙古族、维吾尔族、藏族等七个民族的官兵组成。

从新疆进入西藏，必须穿越昆仑山脉。这里平均海拔5 500—6 000米，冰峰林立，高寒缺氧。赛虎拉姆大石峡是先遣连行进中的第一道难关。峡内道路十分狭窄，悬崖峭壁直插蓝天，水流湍急的溪涧深不见底，山洪、滚石时有发生，令人防不胜防。行军中一个战士一不小心被利石划破了腿，他一声不吭，咬牙坚持，等过了石峡查看，才发现腿已经血肉模糊，和棉裤粘连在一起了。李狄三率领先遣连艰难地走了三天，才穿越了这条险象环生的石峡。

海拔6 000多米的库克阿达坂是行军途中的又一道难关。高海拔行军本就艰难，再加上还要挥镐开路，官兵们严重缺氧，有人开始头晕、头疼、呼吸困难、口唇发紫，反应严重的甚至昏迷休克，反应轻的战友就背上他们继续前进。李狄三一边走一边吐，后来也休克过去，由两个年轻战士轮流背着过了达坂。

在一个叫“乱海子”的地方，先遣连遭遇大雪，长时间在雪中行军让全连80%的官兵患上了雪盲症，双眼肿痛，泪流不止，严重者甚至失明了。官兵们想了很多办法都不奏效，最后多亏一位蒙古族战士想出用马尾毛编成眼罩戴上的方法，才让大家渡过了这一关。

经过半个多月的艰苦行军，李狄三率领的先遣连终于到达了阿里北部高原。全连分为5个侦察小组，分头寻找藏族群众。经过半个月时间，才发现一户。开始，藏族群众对战士们怀着戒心。李狄三一边命令战士帮忙赶羊，一边卸下枪支，手捧哈达，慢慢向藏族群众靠近，用真诚赢得了他们的信任。经问询，李狄三得知南边不远处就是阿里噶本政府管辖的改则，人口较为密集。10月初，先遣连到达改则“扎麻芒保”（藏语音译，意为“毛刺多的地方”）驻营。在这里，官兵们严格贯彻党的民族宗教政策，关心爱护百姓，不但对当地群众的财产和利益丝毫无犯，对信教群众膜拜的经台、玛尼堆等也都格外注意保护，因此得到越来越多藏族同胞的信任和拥护。

噶本政府得知消息，暗中派遣一个头人假扮喇嘛，以讲经的名义向牧民传达禁令：任何人不准与解放军接触，不准卖给解放军东西，不准为解放军带路，违者一律严惩。驻地附近的牧民慑于噶本政府的淫威，纷纷撤走。10月，解放军取得了昌都战役的胜利，西藏地方政府重启和平谈判。阿里噶本政府迫于形势，提出与先遣连和谈。李狄三义正词严地拒绝了噶本政府提出的解放军退出藏北的要求，并与之签订了五项协议。这是和平解放西藏后签订的第一个协议。彭德怀司令收到协议后，立刻报送中央，毛泽东主席对此十分赞赏。

阿里噶本政府对五项协议阳奉阴违，实际上继续执行三条禁令，并扬言不出三个月困死解放军。彼时，阿里进入了冬季，因为大雪封山，交通阻断，外面的物资运不进来，先遣连的吃穿住都成为难题。一天夜里，李狄三辗转反侧，难以入眠。革命军人是永远不会被困难吓倒的，他想到了南泥湾的大生产运动，决定带领战士们自力更生，进行自救。第二天，李狄三早早起床，带着战友们用积雪砌了一道雪墙，蘸着锅灰在墙上写下几条醒目的标语："越艰苦越光荣，困难面前出英雄！""革命英雄主义万岁！"

先从建设营地开始。营地要兼具防御和住宿的功能，为了方便大家遇到敌袭时随时投入战斗，李狄三带领战士们修筑了通连的工事和营房。当时，阿里的气温在零下30多摄氏度，地表冻土厚达1米，一镐头刨下去只能砸出个白点点。大家就架起火堆烤地，边烤边挖，逐渐建成16间地窝子、6座马棚、40多个掩体、200多米的交通壕和两座碉堡。

为了解决吃穿问题，先遣连组织了打柴小组、打猎小组。阿里是戈壁滩，没有树木，冬天没有牧民，也没有牛粪可捡，打柴就是去冻土里挖草根。后来草根也挖没了，只能去折毛刺。打猎开始还好，后来附近的猎物越来越少，打猎就得越走越远。蒙古族战士巴利祥是打猎小组的骨干，他长期翻山越岭找猎物，积劳成疾，最后

李狄三画像

在深入革吉境内打野牦牛时，倒在山坡上再也没有起来。他是先遣连倒下的第一位战士，李狄三跪着为这位为了大家的生存而牺牲的英雄致了悼词。

让李狄三想不到的是，巴利祥的牺牲只是个开始，一场更大的灾难正悄悄向先遣连的战士们袭来。酷寒缺氧，长期营养不良，外加没有盐吃、过度劳累，导致很多战士的免疫力下降，患上了一种奇怪的病症：开始总感觉饿，一直吃也不觉得饱；然后是腹胀，几天几夜不吃东西也不觉得饿。从腿部开始肿胀，一直向上蔓延，直至全身皮肤都肿得发亮发硬。等到皮肤胀破、身体流黄水时，人就不行了。曾经活蹦乱跳的战友接二连三地被夺去生命。1951年元旦前后，连队几乎每天都要开追悼会。除夕之夜，病魔也没有发一下慈悲，夺走了战士刘守时的生命。

送葬回来，大家谁也不说话，李狄三也和大家一样难受。其实，他也得了这种病，只是作为连队的主心骨，为了不让大家担心，他一直在隐瞒病情。为了激励情绪消沉的战友，他让人在雪地上燃起篝火，宣布举办春节晚会，并带头表演节目。在他的带动下，战友们含着眼泪唱起了《黄河大合唱》《解放区的天》《南泥湾》等革命歌曲。李狄三还自创了一首《顽强歌》，指挥大家合唱："进军西藏先遣连，不怕艰辛和苦难。寒冬尽时阳春暖，雪山阿里尽开颜。多出主意想办法，鞋袜烂了兽皮扎。衣服破到开了花，麻袋兽皮缝补它。”

1951年3月，李狄三病情恶化，双腿肿胀如水桶，渗出的黄水浸透了裹腿。在给战友送葬的路上，他一连摔了几个跟头，从地上爬起来，他仍鼓励战友：“一个革命战士对疾病要有坚强的意志，要做革命的硬骨头。”后来，李狄三无法走路了，但即使躺着他也不肯休息，坚持在床前召开支部会议，还不分昼夜整理工作日记，详细记载进藏以来高原战斗的宝贵经验。

1951年5月，李狄三生命垂危，但他坚决不肯注射连队仅剩的一剂盘尼西林，叮嘱要留给其他病号。党支部只好召开支委会表决。望着五只高高举起的手，李狄三眼含热泪，恳求大家：“我的病我自己心里清楚，别浪费药了。临死了就不要让我背负不执行党的决议的名声了，我恳求同志们把手放下吧！”

5月28日，由安志明副团长率领的后续部队到达先遣连驻地扎麻芒保。当大家赶到病床前，李狄三用尽最后的力气示意将日记交给安副团长，轻轻说了一句“可把你们盼来了”，就永远闭上了双眼。

1951年1月30日，新疆军区转发西北军区党委嘉奖令，授予先遣连“进藏英雄先遣连”称号，全连每位同志记大功一次，奖励“人民功臣”“解放大西北”纪念章各一枚。这支以李狄三同志为首的英雄连队，生动阐释了“特别能吃苦、特别能战斗、特别能忍耐、特别能团结、特别能奉献”的“老西藏精神”。

（张月霞　供稿）

①谢恩主：《“盖世英雄”李狄三》，新浪网2016年9月1日。

②中共西藏自治区党委党史研究室：《进军阿里的英雄先遣连》，《西藏日报》2020年3月13日。

③《李狄三与进藏先遣连——〈雪域忠魂〉》，乌鲁木齐党员教育网2021年2月10日。

④顾庸、王锋：《李狄三：解放阿里的“盖世英雄”》，《中华儿女》2011年第15期。

新中国第一位藏族全国政协委员

1949年9月21日至30日，中国人民政治协商会议第一届全体会议在北平中南海怀仁堂举行。出席大会的正式代表、候补代表及特邀代表共662名，其中，由各地推选的少数民族正式代表共10人，天宝是其中唯一的藏族。在这次大会上，天宝当选为中国人民政治协商会议全国委员会委员、中央人民政府民族事务委员会委员。10月1日上午，天宝和其他各民族代表一起，赴天安门广场参加开国大典。五星红旗升起的刹那，天宝的眼睛湿润了。他做梦都没想到，能到北京见证新中国的成立。

天宝原名桑吉悦希，1917年2月出生于今四川省阿坝藏族羌族自治州（以下简称“阿坝州”）马尔康市党坝乡一个贫苦的农民家庭，年幼时就被送到寺庙做喇嘛。1935年，红军长征来到阿坝州，他瞒着父母报名参了军，在6月成为红军的第一批藏族战士。同年，他加入了中国共产党，成为第一批藏族党员。之

天宝

后，他被任命为红军“番族人民自卫军”的党代表，率领这支少数民族武装部队跟随主力部队爬雪山、过草地，于1936年到达陕北。在陕北，他作为重点培养对象，进入中共中央党校的少数民族干部班学习，并担任班长。毛泽东主席到党校讲课时给他取了个汉族名字“天宝”，从此这个名字便代替了桑吉悦希。

在中央党校结业后，天宝曾在新疆从事过一段党的政治工作。1941年延安民族学院（今中央民族大学前身）成立后，天宝又到民族学院深造。天宝也想去抗日前线杀敌，但是没有获得上级批准。党中央认为，少数民族干部有着更重要的阵地。我国是一个多民族的国家，广大民族地区的发展更需要少数民族干部，少数民族干部熟悉民族地区情况，更有利于在民族地区宣传党的方针政策，能更好地为党、国家和人民服务。

1949年，天宝当选为全国政协委员，以国家主人的身份参与共商建立新中国的重大事项。在政协会议上，天宝作为藏族代表强烈呼吁人民解放军迅速进军大西南和大西北，使广大藏族人民与全国各族人民一起在共产党、毛主席的领导下获得解放，做新中国的主人，做新西藏的主人。

1949年重庆解放后，天宝被调到中共中央西南局从事统战工作。十八军进军西藏时，他是进藏部队先遣队领导班子成员。因为熟知藏族宗教习俗，天宝和政治部的同志一起制定了《进军西藏应该注意和准备的事项》，为进藏部队赢得藏族人民的信任和拥护做出了贡献。

1950年，中共中央批准了西南局拟定的与西藏地方政府谈判的十项条件，天宝受命将这十项条件翻译成藏文，向格达活佛以及大金寺堪布转达，然后再邀请二者之一作为代表去和西藏地方政府谈判。在天宝的努力下，格达活佛全面了解了党中央关于和平解放西藏的方针政策，并自告奋勇前往拉萨和西藏地方政府谈判。不幸的是，格达活佛在昌都被英国特务以及西藏地方政府中的反动分子杀害。格达活佛的遇害，表明西藏地方政府关闭了和平谈判的大门。在此情况下，党中央批准了西南局关于实施昌都战役、以战促和的决定。因为先遣部队承担着为进藏大军采购、储备粮草以及购买运输用的牦牛的任务，而牦牛和粮食又都在当地大土司手中，于是，在以甘孜为中心的康北地区开展统战工作，争取当地大土司支持，成了天宝的主要任务。

一到甘孜，天宝就和52师师长吴忠一起，到土司、头人的庄园和各大寺庙拜访，重点拜访了德格女土司降央伯姆和玉隆大头人夏克刀登。天宝结合藏族的宗教信仰和风俗习惯，向大土司和喇嘛们

天宝在布达拉宫前

天宝在田间

讲解了党的民族宗教政策、和平解放西藏的方针和解放军的严格纪律，藏族上层人士都认为天宝的讲解入情入理，令人信服，从而逐渐消除了对解放军的疑虑。降央伯姆和夏克刀登都表示支持解放军进藏，愿意提供牦牛等帮助解放军运送物资。就连原来与西藏地方政府联系比较密切的大金寺等寺院的活佛、大喇嘛，也逐渐向解放军靠拢。上层人士的态度也影响了普通藏族百姓，甘孜的工作局面打开了。

昌都战役前夕，天宝因为在先遣队中表现出色，被西南局调到筹备中的西康省藏族自治区担任主席。他虽然在情感上不愿意离开十八军这支英雄部队，不愿意离开先遣队朝夕相处的战友，但是为了大局，他接受了调动。

担任西康省藏族自治区主席后，天宝贯彻党的“慎重稳进”方针，平稳顺利地接管了旧政权，并加紧建设自治区各级人民政权。他命令废除“乌拉”差役，实行轻税政策，帮助人民恢复和发展生产、改善生活。此外，他还把协调甘孜地方资源支持修建进藏公路和机场、组织动员群众支援十八军进藏作为重要任务，到任那年年底，全自治区供应部队柴火750万公斤、马草250万公斤，协助购粮100万公斤，支援运输的骡马、牦牛10万头次。

西康省并入四川省后，天宝进入四川省委领导班子。阿坝藏族自治州成立后，他兼任阿坝州州长。

1969年，天宝受命到西藏稳定局势，稳固边疆和国防，先后担任了西藏自治区党委书记、主席等职务。在他的努力下，西藏的交通运输与经济建设都取得了丰硕的成果。后来，他又领导西藏自治区党委和政府，为落实政策、恢复经济、发展农牧业做了大量工作。

2008年2月，天宝在四川成都病逝。他的一生是为维护国家统一和民族团结、为实现西藏各族人民的解放和幸福而不懈奋斗的一生。西藏各族人民不会忘记他，党和国家不会忘记他。

（尹蔚彬　供稿）

①中共西藏自治区党委党史研究室：《新中国首位藏族政协委员——天宝》，《西藏日报》2020年9月4日。

②《铭记川藏线　英雄咏流传——十八军进藏先遣支队进藏纪实》，《中国报道》2019年5月9日。

③娄红乐：《将解放福音洒遍青藏高原——天宝》，马卫东、白玛仁增主编：《汉藏一家人》，西藏人民出版社2021年版。

从藏军总司令到共和国将军

1951年5月23日，中央人民政府与西藏地方政府签订了《中央人民政府和西藏地方政府关于和平解放西藏办法的协议》（以下简称“十七条协议”）。6月，中央人民政府驻藏代表张经武从北京出发，取道印度，前往西藏边境小镇亚东，争取让滞留在那里的达赖喇嘛一行返回拉萨，履行“十七条协议”。此时，身在那曲的噶伦朵噶·彭措饶杰接到了噶厦政府的急电，令他即刻启程赶往亚东，与其他官员一道等待张经武的到来。

朵噶·彭措饶杰（又称饶噶厦·彭措饶杰）出身于西藏一个地位显赫的古老贵族家族——朵噶家族（也称饶噶厦家族）。从清朝雍正年间算起，该家族共出过包括彭措饶杰在内的6个噶伦，是西藏出噶伦最多的贵族家族。显赫的家世加上个人的聪明才智，使彭措饶杰的仕途一帆风顺，1949年，他已经成为噶厦政府的四大噶伦之一。1950年，为了应对人民解放军进军西藏，噶厦政府给四个噶伦重新分工，彭措饶杰负责管理藏军司令部兼任藏北总管。

昌都解放后，1951年1月2日，达赖喇嘛率领噶厦主要官员逃往中国边城亚东，静观时局，伺机而动。“十七条协议”签订之后，该何去何从，是否履行协议，噶厦政府内部有分歧，达赖喇嘛也举棋不定。作为四大噶伦之一，彭措饶杰的态度发挥了举足轻重的作用。

出守藏北前彭措饶杰对是战是和还拿不定主意，经过几个月的研判，他已经对局势了然于胸，认为和平解放西藏才是最好的选择。7月15日，彭措饶杰和噶厦政府的其他两位噶伦来到仁青岗，与张经武商谈会见达赖喇嘛的礼仪。张经武耐心细致地向几位噶伦宣传中央关于和平解放西藏的方针政策，宣传汉藏团结、共同建设西藏、守好祖国边防的重大意义。彭措饶杰深受触动，他进一步坚定了拥护西藏和平解放的决心。由于中央人民政府的正确方针、张经武耐心细致的工作、噶厦政府内部以彭措饶杰为代表的进步力量的积极影响，达赖喇嘛最终做出了重回拉萨的决定。

达赖喇嘛从亚东起程之后，美国政府后悔只顾说服达赖喇嘛而忽略了他身边的几位噶伦，一面继续托人传口信给达赖喇嘛，劝其出逃；一面给彭措饶杰送去一封不署名的信，放出的依然是提供援助的诱饵。此时，主张分裂的噶伦索康像捞到了救命稻草，极力游说达赖喇嘛出走，达赖喇嘛思想上摇摆不定。彭措饶杰对美国政府挑拨离间的小伎俩洞若观火，他对达赖喇嘛说："共产党专程派来了和谈代表，他们的态度那么诚恳，我看不会有问题。至于去印度，断不可行，美国人不可靠，还是按协议，先回到拉萨再说。"在彭措饶杰等噶伦的劝说下，达赖喇嘛于1951年8月17日回到了拉萨。

在拉萨，彭措饶杰不但在专门讨论"十七条协议"的噶厦会议上表明坚决拥护协议，还曾三次代表噶厦政府迎接解放军入城：一次是迎接十八军先遣支队入城，一次是迎接张国华、谭冠三率领的十八军主力部队入城，一次是迎接从青海入藏的十八军独立支队入城。张国华曾幽默地说过：“朵噶·彭措饶杰先生是拉萨城里最拥军的人！”

朵噶·彭措饶杰不但积极拥护“十七条协议”，还为和平解放西藏、协助部队进驻拉萨做了不少工作。在1952年2月担任西藏军区第二副司令后，他又利用噶伦身份以及担任藏军总司令的经历，为加强中共西藏工委、军区和噶厦政府之间的联络与沟通做出了积极努力。在1952年3月伪“人民会议”组织制造的骚乱中，朵噶·彭措饶杰和阿沛·阿旺晋美一起反对分裂分子噶伦索康，对稳定局势发挥了一定作用。

1953年10月1日，朵噶·彭措饶杰担任团长，率领达赖、班禅两方人员组成的西藏国庆观礼团赴京，参加了各种庆祝活动。10月18日，朵噶·彭措饶杰等代表在中南海勤政殿受到毛主席接见。针对他们提出的希望中央对西藏经济建设多些帮助的请求，毛主席说：“中央有什么可以帮助你们的，一定会帮助你们。帮助各少数民族，让各少数民族得到发展和进步，是整个国家的利益。各少数民族的发展和进步都是有希望的。总之，我们的方针是团结进步、共同发展。”

1953年10月中旬至1954年6月中旬，在中央政府的安排下，朵噶·彭措饶杰率领国庆观礼团在祖国多地进行了参观。他们到了繁华的大都市，也到了偏远的牧区；到了工厂、学校和医院，也到了佛教寺庙……参观过程中，朵噶·彭措饶杰为祖国的地大物博与欣欣向荣感到振奋与自豪，也为宗教自由得到保障的情况感到高兴和欣慰。回到北京后，朵噶·彭措饶杰接受了中央人民广播电台的邀请，接连三天通过广播发表情真意切的藏语演说，向藏族同胞介绍国庆典礼盛况、在祖国多地参观的见闻以及他个人的真实感受，并表达了“愿众生幸福生活、世界永远和平”的美好祝福。

率领西藏国庆观礼团在内地参观访问期间，朵噶·彭措饶杰还于1954年1月在北京参加了由周恩来总理主持的中国政府中印谈判委员会第一次全体会议。在会上，朵噶·彭措饶杰坚定地维护祖国领土的完整，他说：“非法的‘麦克马洪线’我们历来不承认。印度政府把非法的‘麦克马洪线’以南的门达旺、珞隅地区划为自己的版图，这是不能允许的。这个问题此次谈判虽不能解决，但应提请印度政府注意。另外，尼泊尔王国在我国西藏享有特权，也需要在今后的谈判中解决。”他的发言很有分量，在谈判中产生了积极的作用。1956年8月19日至9月20日，我国政府代表团和尼泊尔王国政府代表团就两国关系的各项问题在加德满都举行了谈判。朵噶·彭措饶杰作为我国代表团成员参与了谈判。

1956年11月，朵噶·彭措饶杰陪同达赖、班禅出访印度。当达赖受流亡国外的分裂分子鼓动而思想产生动摇时，朵噶·彭措饶杰坚持爱国立场，敦促达赖早日返回西藏。1957年初，朵噶·彭措饶杰陪同达赖经锡金返回拉萨，在日喀则做短暂停留时，因突发脑溢血不幸辞世，终年54岁。

1955年9月，朵噶·彭措饶杰被授予中将军衔

1955年9月，中国人民解放军开始实行军衔制，朵噶·彭措饶杰被

授予中将军衔，并获得一级解放勋章。从藏军总司令到中国人民解放军高级将领，他见证并参与了西藏和平解放的过程，在关键时刻一次次挺身而出，为维护汉藏民族的团结、西藏的稳定、祖国的统一做出了积极的贡献。他将永远被中国人民铭记。

（张月霞 供稿）

①陶朱问、王富荣：《鲜为人知的藏族中将彭措饶杰》，《中华儿女》2002年第8期。
②王富荣：《朵噶·彭措饶杰中将与毛泽东的一篇文稿》，《军事历史》2002年第1期。
③娄红乐：《中国人民解放军中将》，马卫东、白玛仁增主编：《汉藏一家人》，西藏人民出版社2021年版。

从德格女土司到民族干部

中华人民共和国成立之后，毛泽东主席做出了“进藏宜早不宜迟”的战略决断，并指示由中共中央西南局来承担这一使命。西南局经过慎重思考，决定派遣解放军第十八军经由甘孜地区南、北两路进军西藏。

十八军在进军过程中严格遵守党中央的民族宗教政策，赢得了甘孜和昌都地区藏族各阶层人士的信任和拥护。在解放军遭遇困难

德格土司降央伯姆（前排左三）与解放军合影

的时候，他们纷纷施以援手，组织牛马运输、筹集军粮柴草等，帮助解放军渡过难关，为解放军胜利进军西藏提供了强有力的保障。德格女土司降央伯姆就是其中的代表人物。

降央伯姆1913年出生于青海玉树，是第二十四代囊谦王、第七代囊谦千户的长女。1937年，降央伯姆嫁给德格土司泽旺邓登。五年后，泽旺邓登去世，因其子尚幼，降央伯姆便代为摄政。

德格土司在康区北部地区势力很大，设有四大管家、30个大头人、80个小头人，再往下是180多个村庄级的小头人。三天之内，德格土司的命令可以传至所辖德格、白玉、江达、石渠、邓柯五个县的所有地方。后来，管家、玉隆大头人夏克刀登不断扩充势力，到中华人民共和国成立前夕，德格土司的控制范围大幅度缩小，仅控制德格、江达两个县。降央伯姆不甘势力被削弱，欲奋起反击。十八军北路先遣部队到达甘孜时，两方正势同水火。率领北路先遣部队的中共西藏工委委员天宝向她讲解了共产党的民族宗教政策、统战政策以及和平解放西藏的方针，宣传了人民解放军的“三大纪律、八项注意”和全心全意为人民服务的宗旨，她深明大义，决定和夏克刀登摒弃前嫌，团结起来，共同支持解放军进藏。

在重庆的中国三峡博物馆里，收藏有一份《德格土司降央伯姆及全体头人上解放军书》，用汉、藏两种文字书写，汉文内容如下：

解放军诸位首长及全体同志们，我们少数民族在反动派的专制压迫下，受尽人间的痛苦。现在人民解放军为了解放少数民族受压迫的人民，不怕艰辛从迢迢远地爬（跋）山涉水来到这里。我们目睹这伟大艰巨的事业不胜感激并崇高敬佩。听到大军不久要到德格一带。此间土司头人及所有百姓非常高兴，并且我们对新政策也非常了解，心里没有一丝疑惑。

这份文物明确显示了降央伯姆对中国共产党领导的拥护。

当进藏部队遭遇粮荒的时候，降央伯姆卖给解放军几万公斤青稞。昌都战役前夕，她和夏克刀登一起，为解放军提供了1.4万头牦牛，供部队在只能靠畜力运输的路上运送战略物资，解除了作战部队的后顾之忧，为昌都战役的胜利做出了一定的贡献。

昌都解放之后，降央伯姆被任命为昌都地区解放委员会副主任。在十八军副政委兼昌都工委书记王其梅及副司令陈明义的教育帮助下，降央伯姆的思想认识有了进一步提高。她不但继续调派牛马，帮助进藏部队运输物资，还利用自己的人脉和影响力，协助进藏大军宣传中国共产党的民族宗教政策，推动西藏的和平解放进程。降央伯姆积极参与西藏的民主改革。西藏上层反动分子发动叛乱之时，她极力劝说参与叛乱的人弃暗投明，回家生产，不要阻挠民主改革和社会潮流的前进。

1952年国庆，降央伯姆作为西康省国庆观礼团副团长到北京观礼，还受到了毛主席接见。她与毛主席握手，给毛主席敬献哈达，毛主席回赠给她一件紫红色的锦缎藏装。

从1954年起，降央伯姆连续多届当选全国人大代表，还担任过四川省政协副主席、省妇联主任、省人大常委会主任等职务。在任上，她尽心尽力地工作，为民族地区的发展，尤其是民族文化的保存和繁荣出谋划策。她呼吁兴办藏文中等专业学校和藏文大学，高等院校民族班以藏文考试录取民族学生。此外，她还呼吁有关部门推进藏族英雄史诗《格萨尔王传》的整理与出版工作，将这部伟大作品奉献给全国各族人民乃至全世界人民。有关《格萨尔王传》的提议被纳入了七届全国人大一次会议议案。晚年，降央伯姆口述了自己一生的经历，以及德格土司制定的法制规章内容，为后人研究相关地区的历史和法律制度提供了重要参考。

曾担任降央伯姆翻译的著名藏族学者降边嘉措评价说："她（降央伯姆——作者注）的一生极具传奇色彩。她经历了新旧两个社会，从德格末代女土司到国家干部、人大代表。从某种意义上讲，她的一生反映了一个民族、一个地区乃至一个时代的历史性变化。"

（尹蔚彬　供稿）

参考文献

①泽仁翁姆：《康区末代女土司——降央伯姆》，《四川民族学院学报》2018年第4期。

②郑犁：《德格土司降央伯姆及全体头人上解放军书》，重庆文艺网2021年9月11日。

③周晶：《康区末代女土司降央伯姆　鼎力支援十八军进军西藏》，中国西藏网2019年6月16日。

④周晶：《从女土司到女代表：降央伯姆和着历史前进的节拍》，中国西藏网2019年6月19日。

学术报国　献身藏学

1949年4月，48岁的于道泉怀着报效祖国的美好期待离开欧洲，回到了刚刚解放的北平。在时任北京大学东方语文系主任季羡林的支持下，于道泉于当年在北大创办了藏语专业并开始招生，虽然第一届只招收了两名学生，但是实现了中国高等学府藏语专业从无到有的突破，开启了中国藏语教学与研究的新历程。

于道泉，汉族，1901年出生于山东省临淄县一个书香门第。受良好家风的影响，于道泉自幼便胸怀大志，勤学不辍。于道泉是个语言奇才，早年在齐鲁大学主攻西洋史、社会学期间便精通英语，掌握了世界语。1924年，在北京大学师从钢和泰教授，学习藏文和梵文。1925年，为获得好的语言环境，于道泉不嫌简陋，住进雍和宫的小平房，与藏族朋友朝夕相处，勤学苦练藏语的听、说、读、写、译能力，同时向雍和宫的蒙古族喇嘛学习蒙古文。

于道泉

1927年，精通多种语言的于道泉被推荐到

1924年，印度诗人泰戈尔一行访华，于道泉（后排左一）任翻译

北海图书馆（国家图书馆前身）担任满、蒙、藏文图书的采集和编目工作。他在馆刊上发表了大量相关学术论文。业余时间，他自学了满文，利用王云五发明的“四角号码检字法”编辑满文书目。中央研究院历史语言考古研究所成立不久，经清华大学陈寅恪教授推荐，于道泉被聘任为该所助理研究员，并于1934年被派往法国巴黎大学现代东方学院，学习土耳其文，同时在巴黎国家图书馆负责满文图书编目工作。其间，于道泉又利用暑假到德国学习了德语。1938年，于道泉被英国伦敦大学聘为高级讲师，讲授汉、蒙、藏等语言课程，直至1949年回国。

身在海外的于道泉一直心系祖国，并根据自己在海外获得的信息判断出中国共产党才是中华民族的希望。因此，1929年，北京大学胡适邀请他回国任教时，他虽然心动却没有马上行动，一直等到北平和平解放才回国效力。

刚刚成立的新中国百废待兴，急需于道泉这样的复合型人才。除了在北京大学从事藏语文教学工作，于道泉先是受邀担任了北京图书馆研究馆员及特藏部主任，又接受了新闻出版总署第一任署长胡乔木的委托，协助中央人民广播电台设立藏语翻译和播音小组。在于道泉的努力下，藏语翻译和播音小组吸纳了李永年、李春先

（藏族，藏名曲吉洛卓）和图丹尼玛喇嘛等一批藏语人才，在很短的时间内便完成了前期准备工作。1950年5月22日晚，中央人民广播电台藏语广播正式播音，把中央人民政府、毛主席殷切希望达赖喇嘛、西藏地方政府尽快派出代表到北京商谈如何实现祖国统一、西藏和平解放的声音传到了西藏。

语言是沟通的桥梁，也是情感的纽带。藏语广播中每天都会出现很多新词语，如“政协”“民主”“革命”“解放”等，为准确地将每一个新词语翻译出来，于道泉等人耗费了大量心血。正是靠着他们的努力，这些反映新社会、新事物的词语逐渐在青藏高原流传并推广开来。当时中央人民广播电台藏语广播稿的藏文版几乎成了每日出版的藏文信息报，成了在北京的藏族学者圈子里最受欢迎的读物。为西藏和平解放事业做贡献，是矢志报国的于道泉回国之后第一件开心的事。

在参与筹办中央人民广播电台藏语广播的同时，于道泉还受命参与筹办中央民族学院（学院最初仅有藏语文专业和军政干部训练班），并担任中央民族学院藏语文教研组组长，开办了国语培训班。“筚路蓝缕，以启山林”，作为开创者的于道泉身兼多职，既负责制订第一个教学计划，编写教材，又负责聘请教师，他自己也登台授课。在他和同事们夜以继日的忙碌之下，藏语培训班培养了一批又一批适应当时西藏工作需要的藏语人才，为西藏的民族团结与发展繁荣做出了重要贡献。

为了满足当时紧迫的工作需要，学员们要用速成的方法突击学习藏语。于道泉摸索出了一套提高学习效率的办法。如为藏语（拉萨方言）设计了一套拉丁拼音系统，用于编写教材，内容多是日常生活会话、民间故事等；先把卫藏方言的拉萨话当作标准音来教学，让学生学深学透之后再学习其他方言；把学生引入地地道道的藏文化情境中去学习藏语。他曾带领第一批学员前往贡噶山下，拜著名藏族学者贡噶活佛为师学习藏语。因为学习效果显著，这些做法后来成为中央民族学院民族语文系的教学常规。

于道泉在教授藏语时尽心尽力的工作态度也深深地影响了学生。学生黄布凡回忆，当时于道泉不仅编教材，还自己动手刻印教材。他们没有打字机，只有刻笔和蜡版。黄布凡就曾给于道泉先生当过助手，刻蜡版。有时候时间紧迫，于道泉就夜以继日地工作，累了困了就趴在办公桌上睡一会儿，醒来再接着干。

学习一门语言离不开辞典。早在20世纪30年代初，于道泉便向中央研究院历史语言研究所建议编写藏汉佛学大辞典，未果，他就计划与好友李永年一起私人编撰，后因出国导致这一计划搁浅。1951年6月，中央民族学院成立。担任藏语文教研组组长的于道泉在组内成立了辞典编写小组，首先编撰了一部《藏汉对照拉萨口语词典》。经过几次补充与修订，1983年，这部词典由民族出版社正式出版，共收词2.9万余条，以藏文正字为条目，附有拉丁注音、汉文释义，口语与文字有差异者，一一标明。于道泉多年的梦想终于实现了。他后来欣慰地说：“我认为，世间最痛苦的事莫过于在自己面前摆着许多自

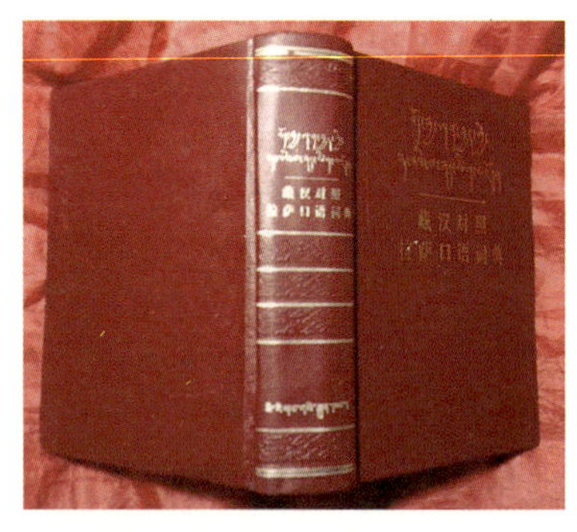

于道泉编著的《藏汉对照拉萨口语词典》

己非常想看的书，而自己无法看懂。我最幸福的就是使自己得到一种便利条件，经过一番努力之后，可以把自己的这种痛苦解除，同时，也解决别人这一类的许多痛苦。”

于道泉一生都在探索新知的道路上孜孜不倦。计算机出现后，他又开始考虑如何使用计算机代替部分甚至全部人工进行藏文翻译。从1956年发表文章《谈谈翻译机械化问题》开始，于道泉花费了几十年的时间来探讨这一问题，他想把卷帙浩繁的藏文典籍尽早翻译出来。“文化大革命”时期，于道泉白天参加劳动改造，晚上到“牛棚”受训，这反倒成了他静心思考“一对多”翻译机械化问题的时机。在此期间，他发明了一套数码代音字。1982年，在第十五届国际汉藏语言学学会上，于道泉提交了一篇有关这一发明的论文，并附上了用这套数码代音字拼写的两本书。当时，中国科学院电子学研究所的一位专家评价这套代音字方案说：“这是现今收到的许多方案中最经济、最方便的一种，学习、使用都很容易。唯一的缺点是数字码是日常应用最广的工具和手段，是人们经济生活、社会生活中不可须臾或离的东西，如果用它来当作拼写文字的工具，就会发生混乱和困扰。”

于道泉先生是藏族语言文化的研究者、传播者和守望者，他对藏族文化的普及、保护和传播，对藏学研究的影响和贡献，无法用语言描述，也无法用任何可计量的标准评价。他将仓央嘉措的情歌介绍给世人。他教导与培养了新中国第一届藏语班学员，这些学员是一粒粒藏学研究的种子，在新中国的大地上生根发芽、开花结果。

（尹蔚彬　供稿）

①《于道泉》，中国西藏网2010年11月15日。

②王尧：《平凡而伟大的学者于道泉》，中央民族大学新闻网2015年10月27日。

③王尧：《报国书生一片心——记著名藏学教授于道泉》，《中国西藏》2001年第6期。

高举义旗　走向光明

1950年10月11日，昌都战役正在火热进行中。芒康附近十八军157团驻地的一顶帐篷里，团政委冉宪生接待了一位特殊的客人——藏军第九代本德格·格桑旺堆。“代本”是藏语，有两层含义：一是旧藏军的一级建制，二是旧藏军的一种官衔。

德格·格桑旺堆在做了自我介绍之后，对冉政委提出了和解的请求。他说他只是奉命驻防，既没有同解放军交战的能力，也没有较量的念头，愿意打开芒康城门迎接解放军。他还表示，愿意为此前辖区内发生的开枪抵抗的事情承担责任并接受惩罚，希望解放军看在他主动议和的分上，保障部下全体官兵的人身安全，并解决他们的衣食住行问题；还希望能送自己的几个子女到内地学习。对于自己，他提出的唯一请求是允许他做个普通人。冉宪生闻言，十分高兴，向上级做了汇报。上级很快回复，认定德格·格桑旺堆率部起义，给予其优待。10月12日，在格桑旺堆的配合下，芒康城和平解放，城里升起了鲜艳的五星红旗。

德格 · 格桑旺堆

德格·格桑旺堆能率部起义，有多重原因。

第一，是解放军强大的军事威压。昌都战役打响之后，解放军势如破竹，很快突破了藏军的第一道防线，陆续攻占了第九代本驻地竹巴笼和基松岗，迫使两地守军退回代本总部。德格·格桑旺堆清醒地意识到，要拼拼不过，要逃逃不出。认清形势之后，他便做出了起义的决定。

第二，是解放军的仁义与好口碑。人民解放军在进军途中，严格遵守党的民族宗教政策与军队的纪律，不但不扰民，还爱民助民，得到了藏族同胞的广泛认同与支持。格桑旺堆的故人、甘孜爱国人士夏克刀登在写给德格·格桑旺堆的信中说："共产党的根本目的是要解放受苦受难的人民。"巴塘人平措旺阶给德格·格桑旺堆寄了西南军委颁布的进军西藏的布告以及解放军"三大纪律、八项注意"的传单。就连德格·格桑旺堆派去甘孜等地采购物品的下属，也因路遇解放军受到款待而对解放军赞不绝口。由此，格桑旺堆产生了与解放军议和的想法，也曾几次向上级打报告提出议和请求，但是未得到回复。

第三，是格桑旺堆的善良正直与理性睿智。格桑旺堆1912年出生于西藏帕里，其父德格·昂旺强巴仁青是康区第四十七世德格土司罗追彭措的次子（当地人俗称作"巴瓦"），人品学识兼优，在藏文、汉文、梵文等方面均有不俗的造诣，深受十三世达赖喇嘛的器重，在拉萨贵族圈中颇负盛名，上门求学的世家子弟络绎不绝。受父亲影响，德格·格桑旺堆自幼便勤奋好学、博闻多识，且品格端正、正直善良。担任第九代本时，他因看不惯手下官兵借着到百姓家磨糌粑之机敲诈百姓，便自己出钱在军营安装磨坊，禁止官兵再去百姓家里骚扰。这断了很多人的财路，差点导致一场兵变。他心疼军营附近无家可归的孤儿，便收养他们，不但在生活上照顾他们，还教他们识字，就像对待自己的孩子一样。驻地附近的百姓都说："玛奔啦（藏语音译，意为'军官先生'）有菩萨一样的心肠。"

作为藏军第九代本，德格·格桑旺堆对藏军的武器装备、战斗水平以及西藏地方政府的价值追求与施政能力心知肚明，因此对与共产党较量早就做出了正确的预判：西藏地方政府绝不可能战胜解放军，也不可能带给西藏光明的未来。与其以卵击石、硬拼硬打，让下属白白送命，让黎民百姓遭殃，还不如弃暗投明。

事实证明，德格·格桑旺堆做出的决定是英明的。他率部起义不但避免了交战双方的伤亡，使芒康一带免于兵燹，也为自己和部下赢得了光明的前途。1950年12月3日，新华社发布了题为"起义藏军第九代本官兵感受祖国大家庭温暖　表示要协助解放军解放西藏"的新闻，文中写道："在宁静县起义的原西藏军第九代本所属官兵正感受着祖国大家庭的温暖。当他们宣布起义后，解放军立即给他们发了充足的生活费，中国共产党康藏边区地方工作委员会立即派员前去慰问……应起义官兵的请求，解放军已派了专人每天帮助他们学习半小时，现在一般官兵都明白了帝国主义侵略西藏，阻挠西藏和平解放的阴谋，他们都表示要协助人民解放军完成解放西藏的神圣任务。"第九代本的官兵们通过切身经历深入了解了共产党和解放军，主动向身边的人宣传解放军的方针政策、优良传统以及解放西藏的目的，努力消除藏族百姓和解放军的隔阂，为解放军在当地开展工作奠定了良好的基础。当然，德格·格桑旺堆贡献最大，他不但促成了在当地极有威望的卡当活佛与解放军友好往来，还说服了自己的旧驻地察雅的

500多位民兵主动投诚。

西藏和平解放后，第九代本的许多官兵被送去深造，后来成为西藏平叛、土改、建设以及对印自卫反击战中的骨干。德格·格桑旺堆于1954年被授予解放勋章，1956年被授予大校军衔。他曾在军事、文化、教育、卫生等多个领域任职，为西藏的发展贡献出了自己的力量。

1952年，德格·格桑旺堆曾作为西藏致敬团昌都地区代表团团长前往北京参加活动，受到了毛主席接见。1979年2月的一天，他拿着当年毛主席指示有关部门给他做的毛呢衣服说："从1950年我在昌都战役中起义到今天，是毛主席和共产党使我一步步走向光明，我永生难忘。"

（张月霞　供稿）

参考文献

①索穷：《德格·格桑旺堆的传奇一生》，《中国西藏》2006年第5期。
②王小彬：《昌都战役：大陆解放的最后一战》，《国防时报》2022年1月12日。
③顾云臣：《高原上飘起五星红旗——西藏第九代本起义始末》，《党史纵横》1995年第5期。
④温凯、崔士鑫、张晓明、高启龙：《芒康："善妙之地"走出藏训队》，中国西藏新闻网2014年1月9日。
⑤何卫勇：《高举义旗　走向光明》，马卫东、白玛仁增主编：《汉藏一家人》，西藏人民出版社2021年版。

为藏医药发展鞠躬尽瘁

藏医经典中有句名言："时常乐意为众生谋利益者是人之杰，恰似宝灯，不论油多油少，灯芯粗细，无私燃尽最后一丝光。"藏医药学家强巴赤列就是这样一位为众生谋利益而鞠躬尽瘁的宝灯式人物。

强巴赤列

1929年12月，强巴赤列出生于拉萨八廓街上的一个藏医世家，幼年便进入哲蚌寺，成为一名小僧人。强巴赤列的祖父多吉坚参是著名藏医达玛森格的得意门生，达玛森格不但将毕生所学倾囊相授，还将自己用过的药囊和藏医学秘籍《配方未衰之宝串》赠送给这位门生。多吉坚参曾将其中一个治疗伤寒的药方传给弟子钦绕诺布。1945年拉萨瘟疫流行时，已经成为著名藏医的钦绕诺布用这个药方救了很多人。强巴赤列的父亲贡觉维色也是一位会采药制药和诊病的著名民间医师。1924年拉萨天花流行，他自费从印度引进牛痘疫苗给藏族群众接种，挽救了不少人的性命。

虽然强巴赤列出身医学世家，但他的父亲一心想让儿子从政。

强巴赤列13岁那年，其父已经去世，其母本来想按照原计划将他送到布达拉宫的俗官学校学习，但是一次占卜改变了她的心意，也改变了强巴赤列的人生道路。多年以后，强巴赤列对当时的情景还记忆犹新："我和母亲毕恭毕敬地站在老觉姆面前。她久久端详着我的面孔，念念有词地掷出手中的骰子，然后告诉我母亲说，这孩子不能当官，当官活不到18岁；如果学医，将来定会造就伟业，成为雪域高原上的大医生。"

就这样，13岁的强巴赤列离开哲蚌寺，来到拉萨"门孜康"（拉萨藏医天文历算学院），拜著名藏医、曾任十三世达赖喇嘛首席保健医生的钦绕诺布为师。强巴赤列很聪明，也很刻苦。他每天黎明便起床，背诵、听课、答辩。经过九年的刻苦学习，强巴赤列学完了藏医藏药、天文星算等藏医必修课，20多万字的藏医经典《四部医典》的内容，他用了不到三年时间就烂熟于心。

钦绕诺布非常欣赏强巴赤列，称他为徒弟里面最有出息的，常带他到拉萨八廓街一带为穷苦人和乞丐问诊，送药送水分文不取。他时常告诫强巴赤列："病人是医生的儿女，有钱给治，没钱也要治；当官的给治，乞丐也要治。"恩师的话强巴赤列一直牢记在心，对病人一视同仁成为他一生的行医准则。忆及往事，强巴赤列满怀感恩之情，他说："我是一个有福气的人，因为在我学医的启蒙时期，就遇到一位精通专业、品质高尚的大恩师。"

1951年西藏和平解放，强巴赤列的从医生涯也经历了一次重大转折。在与人民解放军接触以及后来担任解放军藏语文教师的过程中，强巴赤列学到了"进化论"和"劳动创造世界"等闻所未闻的新知识和新道理，知道了解放军救死扶伤的精神和恩师的教诲是一致的。他参观了解放军建的人民医院之后，深深被儿科、妇科所吸引，产生了学习汉语、西医，将藏医与现代医学结合起来，更好地造福西藏人民的想法："像老虎有翅膀一样，藏医、西医结合治疗效果更佳，这是我的远大理想。"

1956年，强巴赤列入了党，成为钦绕诺布门生中唯一的共产党员。在当时的环境下，入党需要极大的勇气，周围许多人难以接受，一些友人与他疏远了，但他并不后悔。在此之前，他曾作为西藏青年参观团的一员，到全国多地参观了城市、工厂、学校、矿山和军营，广大人民以高昂的热情大干社会主义事业的情景给他留下了深刻的印象，他坚信：跟着共产党走，西藏才能有一个美好未来。

西藏民主改革初期，有人认为藏医院是宗教的产物，曾一度把藏医院改为以西医为主的综合医院。强巴赤列心急如焚，四处解释说明藏医药学的科学性。后来，政府听取意见，提出要保护、继承和发扬藏医学。20世纪60年代，强巴赤列和恩师钦绕诺布共同管理拉萨藏医院，师徒俩配合得十分默契，扩建古老的门诊部，成立了医学遗产整理小组，决心重振藏医药事业。强巴赤列还大力推动分科门诊，引进先进检测手段和仪器。这些改革起初遭到很多非议，很多人认为这是在灭绝藏医学，但强巴赤列顶住了压力，坚持革新，使藏医在诊断和治疗方面有了飞跃式发展。

20世纪70年代，强巴赤列克服了缺少资料的困难，凭着惊人的记忆力和自己的医疗实践，撰写了《藏医基础学》《生理学》《诊断学》《病理学》《内科学》《外科学》《五官学》《妇科学》《儿科学》《方剂学》等一整套藏医学教材，这套教材被评价为“第一次用现代观点深入浅出地系统总结藏医真正奥秘的科学著作”，不仅被西藏高校使用，还在青海、甘肃、云南、四川等涉藏地区得到广泛应用。为了撰写这套教材，强巴赤列经常工作到凌晨两三点。因为照明条件不好，研读那些发黄的木刻书、细小如针尖的挂图说明和一行行蝌蚪般的藏文对强巴赤列的眼睛损伤极大，开始是流泪、肿痛，严重的时候像针扎一样刺痛，两年以后，强巴赤列的右眼失明了。付出如此沉重的代价，强巴赤列却说：“这些教材可以让藏医学生快速成才，所以我不后悔。”

1980年，强巴赤列向西藏自治区政府提出促进西藏藏医药事业发展的八项建议：一、重视老藏医，抢救医学遗产；二、建立天文星算研究所；三、修建现代化藏药厂；四、建立藏医药研究所；五、在西藏大学增设藏医系；六、搜集、整理和出版藏医古籍；七、建立一个有100张床位的藏医院住院部；八、把拉萨市藏医院改为自治区直属医院，推动全区藏医事业的发展。在他的积极奔走呼吁和政府的支持下，这些建议最后都得以实现。

因为一直忙于工作，舍不得花时间好好养护和治疗眼睛，1998年，强巴赤列的双目完全失明。让人敬佩的是，他依然不肯休息，又忙着筹备编写《四部医典系列挂图全集》藏汉、藏英对照本。因为《四部医典》的文字比较深奥，一般人很难看懂，因此，用现代文加以解释和补充就具有重要意义。在助手的帮助下，强巴赤列花了五年时间，为该书的5 000多幅图片一一做了注解，相继推出了《四部医典》藏文版、汉文版和英文版。这些书不仅对从事藏医临床、藏药生产、藏医药研究和藏医药教学的工作者来说是极为珍贵的必备文献，而且具有很高的收藏价值。

20岁出头时，强巴赤列就已经能独立采药，背起药箱为病人治病，从那时起一直到耄耋之年，他几乎从未离开过临床。年老体衰，无法到医院出诊时，他就在住所为病人看病，他说："我是国家级专家，国家级专家不能退休。"

晚年的强巴赤列

2011年2月21日，强巴赤列在拉萨逝世，他的精神将和他为之奋斗一生的藏医药事业一起在西藏这片土地上薪火相传、生生不息。

（张月霞　供稿）

参考文献

①朗杰、胡星：《藏医学家强巴赤列走过的路程》，新华网2008年5月10日。

②《强巴赤列：藏医发展的推动者》，中央电视台《东方时空》栏目2005年8月30日。

③《强巴赤列》，国家中医药管理局官网《中医名家》栏目2010年1月11日。

④格桑、李瑞军：《沧桑巨变四十年：强巴赤列》，《西藏日报》2005年8月26日。

“今日镐锹在手，铲平世界屋顶”

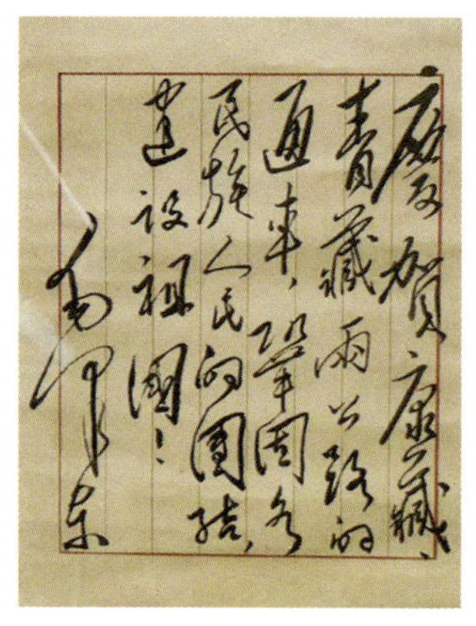

毛泽东主席题词祝贺康藏、青藏公路建成通车

1954年12月25日，当时世界上海拔最高的两条公路——康藏公路和青藏公路，分别从雅安和格尔木跨越崇山峻岭修到了拉萨，并在同一天全线通车，这一壮举结束了西藏几千年来不通公路、没有汽车的历史。通车的消息传到北京，毛主席兴奋不已，用草书写下：“庆贺康藏、青藏两公路的通车，巩固各民族人民的团结，建设祖国！”

康藏公路全长2 255公里，平均海拔3 000米以上。工程的巨大和艰险，在世界公路修筑史上前所未有，每一公里都有筑路英雄长眠地下。青藏公路1954年5月11日开始动工修建，12月15日完工，历时7个月零4天，从格尔木修到拉萨，穿越了25座雪山，在当时创造了用最快速度、最低成本修建世界上海拔最高公路的奇迹。这一奇迹是慕生忠将军带领筑路大军创造出来的。

1951年，西藏和平解放，中央派遣人民解放军进驻西藏。毛主席考虑到当时西藏的经济、政治状况，体恤藏族人民的疾苦，提出了“进军西藏，不吃地方”的方针，进藏部队的花费由中央包干，所需物资全部由内地供给。时任中共西藏工委组织部部长兼西藏运输总队政委的慕生忠先后两次率部运送物资进藏。由于沿途气候和路况恶劣，每次运输要耗时几个月，粮食大量折损不说，牲口和人员也损耗极大。慕生忠由此萌生了从青海修一条公路进藏的想法。

慕生忠从青藏高原跑到北京，向交通部提出了修建青藏公路的申请。当时国家正在修建康藏公路，根本没有修建青藏公路的计划。慕生忠认为，康藏公路沿线山高谷深，地质条件差，容易遭受泥石流等地质灾害侵袭，且冬天大雪封山期间无法通行，即使修成了，保养也很困难。青藏公路虽同样位于高寒高海拔地区，但是地势平缓，终年干燥少雨，公路的修筑和养护都比康藏公路容易。在交通部碰了钉子之后，他不死心，又跑到老领导彭德怀那里寻求支持。为了不让领导为难，他提出先从格尔木修到可可西里，到时候根据情况再说第二步。彭老总为慕生忠争取到了30万元的经费，又拨给他10辆卡车、10名工兵、1 200把镐、1 200把铁锹和150公斤炸药。

慕生忠

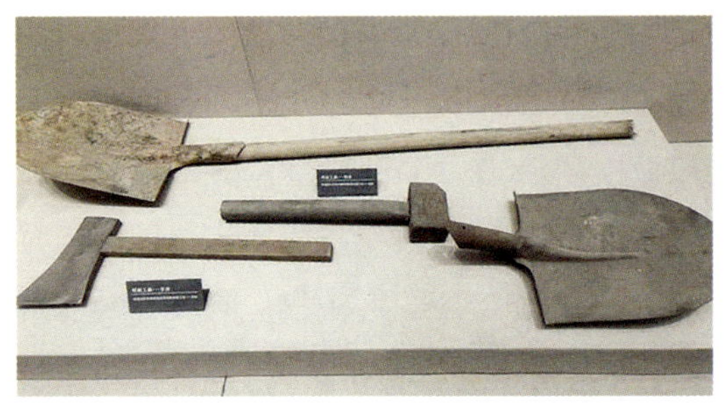
修建青藏公路用的铁锹

1954年5月11日，慕生忠带领由19名干部和1 200多名民工组成的筑路大军来到格尔木河畔的荒原上，将他们分为六队，每人配备一把铁锹、一把十字镐，在没有一个正规测量队、工程队，也没有一台机械设备的条件下，开始向“世界屋脊”进军。开工前，他开了个动员大会：“不平常的事业，都是我们平常人干出来的。我们要修建一条青藏公路，这是历史上没人干过的一项事业……我和大家一起，同甘共苦，咱把路修成，也算为祖国干了一件好事。”

在修路的过程中，每当遇到危险，慕生忠总是身先士卒抢着上。他在自己铁锹的木把上刻了“慕生忠之墓”五个字，告诉大家：“如果我死在这条路上了，这就是我的墓碑。路修到哪里，就把我埋在哪里，我的头一定要朝着拉萨的方向。”

筑路队在距离格尔木73公里处的一条大峡谷上修筑了青藏公路的第一座桥梁。桥修好后，看着奔腾咆哮的河水，工程师邓郁清第一个跳上汽车要试通车。慕生忠一把将他拉下来，自己坐了上去，对邓郁清说：“这桥是你造的，你不指挥谁指挥？你给我过去，站那头指挥。”邓郁清说：“您是一军主帅，您亲自试车太危险了。”慕生忠回答：“像我这种土八路出身的政委，今日死了，今日就有人来接替。你是咱们唯一的工程师，万一有个闪失，再没有第二个了。”卡车最后顺利地通过了这座桥，工人们把锅碗瓢盆敲得震天响，慕生忠、邓郁清和司机三个人紧紧地抱在一起，热泪纵横。

公路修过沱沱河时，路面被洪水冲毁了。慕生忠第一个跳进冰冷的河里捞石头抢修路面，任大家怎么劝也不肯上岸，始终站在河水最深、水流最急的位置干活，就这样在河里坚持了10个小时，直到把路修好。彼时，慕生忠的双脚已肿得穿不上鞋了。有干部心疼地说："今天让政委受苦了。"慕生忠却豪迈地说："我受点苦，可是价值大。今天两百人干了五百人的活。数学上1加1等于2，可在哲学上1加1可能等于3，等于4，甚至更多。在最困难的时刻领导站在前头，一个人就可能顶几个人用。这就是生活中的辩证法。"

在慕生忠的影响下，筑路大军不分军民、不分职务都尽力干活。大铁锤每人一次抡80下，慕生忠也不例外。他还发明了一个鉴别干部的方法——见面握手，谁的手上没有老茧和血泡就不是好干部。

筑路大军发扬"一不怕苦、二不怕死"的精神，凭着百折不挠的毅力，一点一点将公路向前推进。1954年7月30日，公路修到了可可西里，慕生忠当即给北京发去电报："彭总并转中央，我们的汽车已开上了可可西里，我们正乘胜前进。"几天后，在范明的陪同下，班禅额尔德尼骑马前来，换乘汽车到北京参加了第一届全国人民代表大会。

青藏公路修路队伍

仅用79天，筑路大军就修通了300公里，将公路修到了无人区，这一胜利使慕生忠等筑路勇士备受鼓舞，他们的干劲更足了。10月20

日，公路顺利通到拉萨的关键点——海拔近5 300米的唐古拉山口也被打通。慕生忠即兴作诗一首：

唐古拉山风云，汽车飞轮漫滚。
今日镐锹在手，铲平世界屋顶。

1954年11月15日，慕生忠争取到了200万元经费、100辆大卡车和1 000多名工兵。一个月之后，筑路队跨越当雄草原，穿过羊八井石峡，把公路修到了拉萨。全程1 200公里的青藏公路，仅用了7个月零4天的时间便全线打通，这在中国筑路史上是个创举，在世界公路史上也是个奇迹。

青藏公路建成之后，就像是吉祥的哈达飘扬在高原大地，国家支援西藏建设的物资源源不断地运上“世界屋脊”，西藏的现代化进程不断加快。

和平解放70多年来，在中央政府的亲切关怀和全国人民的大力支持下，西藏的交通事业有了很大的发展，继修建成举世闻名的康藏公路（今川藏公路，起点为成都）、青藏公路后，又建成了滇藏、新藏、中尼等主要干线公路，开辟了空中航道和管道运输，在全区范围内基本上做到了“人便于行，货畅其流”。一条条交通干线承载着西藏各族人民对美好生活的追求伸向远方，那是一条条民族团结之路，也是一条条西藏文明进步之路。西藏人民和全国人民心连心、手挽手，一起走向中华民族的伟大复兴。

（张月霞　供稿）

如今的青藏公路

①辛元戎、李文宁、王生霞：《天路将军慕生忠修筑青藏公路背后的哲学故事》，《中国纪检监察报》2018年11月2日。

②《百年瞬间：康藏公路和青藏公路建成通车》，《中国青年报》2021年1月16日。

③杨红岩：《致敬“青藏公路之父”慕生忠将军》，《中国交通报》2019年2月27日。

④李元梅：《追忆致敬：“天路将军”慕生忠》，中国西藏网2019年8月4日。

⑤刘诗平、范世辉、曹婷：《慕生忠：“青藏公路之父”的铁汉柔情》，《青海日报》2014年9月15日。

长期建藏　边疆为家

1950年初，收到和平解放西藏的命令后，中共中央西南局研究提议由二野十八军入藏，提议获得了毛主席的批准。3月底，进藏大军吹响了进军号角，时任十八军52师副政委阴法唐也随军入藏，开启了他与西藏一世难解的缘分。

52师为先遣部队，由师长吴忠率一个团前往甘孜，建设一个进军基地。之后，阴法唐与副师长陈子植率52师主力进军西藏。1950年10月，52师与兄弟部队配合，取得了昌都战役的胜利，打开了和平解放西藏的大门。在这次战役中，阴法唐和师参谋长李明率领52师154团在高原上横跨三个省区，14天走了750多公里，与青海骑兵支队一起完成了大迂回包围的任务，配合主攻部队将昌都地区的藏军歼灭。

阴法唐

当52师进军到拉萨以东地区时，阴法唐和副师长陈子植一起，带着一个访问团沿着尼洋河和雅鲁藏布江开展社会调查、统战和群众工作，宣传党的政策和“十七条协议”。他们一共走了9个县，拜访了宗本、头人等，到群众家走访，给他们看病。经过访问团耐心细致的工作，当地藏族群众对共产党和解放军有了了解和新的认识，从惧怕、仇视转变为亲近和支持，他们称进藏部队为“菩萨兵”和“新汉人”。

尼洋河上的吊桥

1952年7月，阴法唐被调往江孜任分工委书记，后来又兼任江孜军分区政委、西藏军区政治部主任。江孜是中国西藏南部与印度、尼泊尔、不丹等国贸易往来的商道，是达赖与班禅两大集团往来的中间站，因此也是贵族聚居之地，是西藏庄园最多的地方。在江孜，阴法唐积极开展统战工作，率先组织了一个学习委员会，除了组织当地的上层人士学习“十七条协议”，还学习党的宗旨、民族宗教政策以及解放军的相关政策等。

1954年，江孜发生洪灾，江孜分工委联合西藏地方政府成立了江孜白朗救灾委员会，主任和第一副主任都是西藏地方政府官员，阴法唐任第二副主任，但主要工作都是阴法唐带领江孜分工委的同志承担。这次合作加强了统战工作，争取了群众，民族关系明显好转。此外，他带领江孜分工委的同志在救灾期间进行社会调查。

这次社会调查加深了阴法唐对封建农奴制的了解，他写了《江孜白朗社会调查报告》。这份报告成为西藏进行民主改革的重要理论依据。

1959年，西藏上层分裂主义分子发动武装叛乱。阴法唐任山南平叛部队西路第一政委，军事威慑与政治争取并用，很快平息了叛乱。解放军对放下武器、弃恶投诚的叛乱分子实行“不杀、不关、不斗、不判”的政策，得到了西藏人民“菩萨心肠”的赞誉。当时，江孜帕拉庄园的主人参加了叛乱并出逃，当地藏族群众主张毁了庄园，但阴法唐认为应该保存下来，因为帕拉庄园的主人曾经参加“江孜抗英”运动。在阴法唐的坚持下，帕拉庄园得以保留下来，现在与对面的“朗生院”一起，成为西藏重要的爱国主义教育基地。

1954年《中华人民共和国和印度共和国关于中国西藏地方和印度之间的通商和交通协定》签署以后，阴法唐与侯杰、晨阳、丁甲等人受中央委托，接收了印度驻江孜、亚东的商务代表机关、兵营、邮电、驿站等，清除了殖民主义势力的遗迹，取消了英、印旧有种种特权，代之以基于“和平共处五项原则”建立起来的中印两国平等关系。

1962年，时任中共西藏工委江孜地委书记兼江孜军分区政委阴法唐被召到拉萨，担任对印自卫反击作战前线指挥部政委。在对印作战中，他与总指挥张国华配合默契，在为期一个多月的作战中，以5万兵力击败了印军20多万的兵力。他们打出了中国的国威和军威，奠定了西藏边境几十年的和平。

1980年，由于达赖派西藏参观团煽动“西藏独立”，已经调离西藏的阴法唐临危受命，再次进藏，出任中共西藏自治区党委第

获胜的解放军部队撤离藏南德让宗时，当地民众列队欢送。前排右一为阴法唐

一书记、成都军区副政委兼西藏军区政委。进藏前，阴法唐因患心脏病在医院治疗了4个多月，很多医生都不建议他进藏，但阴法唐说，在西藏面临严峻形势的时候，他不能袖手旁观。到了拉萨，他开展了一系列揭露达赖阴谋的教育活动，成功抵制了民族分裂势力和极端宗教势力对西藏的渗透和破坏，西藏的局势很快稳定下来。在此基础上，阴法唐带领自治区领导班子认真贯彻党的十一届三中全会精神，狠抓拨乱反正，平定冤假错案，把工作重心转移到经济建设上来，西藏很快出现了国防巩固、政治稳定、民族团结、经济发展的大好局面。从1979年到1984年，农牧民的纯收入仍增长了三倍。

阴法唐认为，西藏的发展离不开人才，因此，1982年，他在《中国青年报》上发表了文章——《欢迎有志青年到西藏来》。在他的呼吁下，一大批大学生甚至已经参加工作的年轻人来到西藏工作。此外，他还千方百计从内地调动人才到西藏。阴法唐当年招揽的那批人才，为建设西藏发挥了重要作用，有的至今还留在西藏。

阴法唐认为，没有铁路，西藏就富不起来。他第二次进藏工作的第二年，也就是1981年，他在中央工作会议上提出了修建青藏铁路的建议。之后，又利用各种机会建言献策。即便离休后，他也多次进藏调研。2000年2月，阴法唐在国家计委、铁道部等部门同志和一些专家的配合支持下，完成了写给中央领导的《关于青藏铁路复工的情况报告》，对修建青藏铁路的重要意义和可行性做了进一步阐述。在他孜孜不倦的努力下，青藏铁路于2001年立项，2002年开工，2006年通车。多年的愿望终于实现，阴法唐欣喜万分。

为了推动西藏教育事业的发展，为西藏培养人才，1998年，阴法唐携家人捐出16万元积蓄作为启动资金，设立了“江孜县第一小学阴法唐教育基金会”（2007年，基金会更名为“阴法唐西藏教育基金会”），奖励西藏的优秀教师、学生，资助贫困学生。随后的20多年，他每年拿出5万到6万元，并动员各界人士捐款，总计捐款达1 000多万元，共资助了从幼儿园到大学的20多所学校，受益师生达数千人。

《从泰山到珠峰：阴法唐回忆录》

阴法唐还为宣传西藏历史、弘扬西藏文化不遗余力。他经常参与关于西藏的重要史书的编纂、影视作品的审定，对一些重要的、有难度的、别人把握不准的内容，他会动手撰写。98岁高龄的阴法唐为了写好《西藏历史简介和人民解放军进军西藏》一文，挑灯夜战，连续多日忙到凌晨四五点。多年来，他整理出版了《西藏歌谣》；参与抢救了代表藏族文化成就的《格萨尔王传》；还用九年时间组织编写了《解放西藏史》，该书出版后，连获中央和国家部委三个大奖。

《阴法唐西藏工作文集》

阴法唐还推动了北京建藏援藏工作者协会、“老西藏精神”研究会的成立，大力弘扬“老西藏精神”，先后开展革命传统教育80余次。即使晚年精力渐衰，他每次接到有关“老西藏精神”的宣讲任务，都撰稿准备，没有丝毫的敷衍。

阴法唐曾说：“长期建藏，边疆为家，是毛泽东和邓小平同志的重托，是我最坚定的意志信念。我曾两次进藏任职，在军地都工作过。即便这样，我感到为西藏做得还远远不够。建设西藏的工作，过去要做，现在要做，将来也要做，生命不息，工作不止。”阴法唐对西藏的爱和奉献，正可谓“春蚕到死丝方尽，蜡炬成灰泪始干”。

（尹蔚彬　供稿）

①翟新颖：《阴法唐：峥嵘岁月　情怀如初》，中国共产党新闻网2015年8月13日。
②阴法唐：《我这一生，对西藏感情最深》，《解放军报》2019年12月14日。
③尚儒、李嵱：《西藏“老兵”阴法唐》，《新西部》2011年第5期。
④冯新章、樊凡：《一对被西藏江孜人民敬仰与赞誉的共产党员》，中国西藏网2017年6月26日。
⑤丹增：《共产党人阴法唐》，《光明日报》2012年10月23日。
⑥昭亮：《穿越雪域山脉的智勇者——原18军52师副政委阴法唐口述记》，《西藏研究》2011年第5期。

新西藏教育的拓荒者

1950年1月初，第二野战军第十八军接受了进军西藏与经营西藏的任务。1月15日，中共中央西南局在重庆曾家岩召开的十八军师以上干部会议上，时任西南局第一书记邓小平提出，解决西藏问题要靠政治，要靠政策走路，靠政策吃饭。2月17日，西南局要求十八军成立政策研究室，专门从事调查研究工作，为制定政策提供意见。

1950年2月下旬，十八军政策研究室在乐山成立。经过筛选，4月份，政策研究室的成员基本确定，主要由军师团领导干部、华西协合大学社会系的教授专家和学生，以及原国民政府蒙藏委员会成员三部分人员构成，共29人，李安宅、于式玉夫妇就在其中。

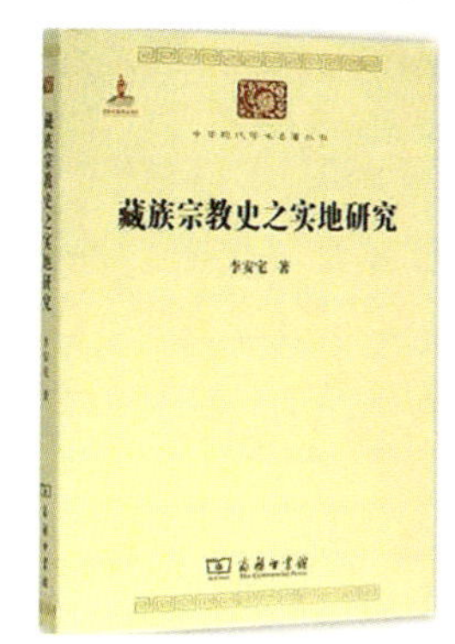

《藏族宗教史之实地研究》

李安宅1900年出生于河北迁安，曾先后在齐鲁大学和燕京大学学习，后留学美国，先后在加利福尼亚大学和耶鲁大学深造。1938年，李安宅赴甘肃与青海交界处的拉卜楞地区进行了为期三年的社会调查。1941年，他受聘为华西协合大学社会系教授、边疆研究所所长。1947年，他

《李安宅藏学文论选》

《李安宅、于式玉藏学文论选》

被聘为耶鲁大学研究院客座教授。1948年，他又受聘为英国伦敦大学研究员。他撰写了《藏族宗教史之实地研究》一书，通过翔实的资料证明藏汉亲密关系由来已久，西藏在政治、宗教方面早已成为中华大家庭的一员。

于式玉1904年出生于山东淄博，曾留学日本的早稻田音乐学院和奈良女子高等师范学校，回国后曾在燕京大学任教。北平沦陷后，于式玉拒绝日伪为她安排的北平文理学院院长一职，随丈夫奔赴甘南地区，并于1939年创办了当地第一所女子小学。除了办学，她是李安宅进行社会调查的得力助手，帮助其做记录、提问题、查资料。她自己也撰写了很多探讨藏族历史文化和社会生活的文章。1942年，她追随丈夫到华西协合大学边疆研究所任教。1946年，应美国耶鲁大学之邀，她到该校图书馆编写书目，其中包括约60万字的《藏文目录索引》。1948年，她与丈夫一起到了英国。

1949年2月，李安宅、于式玉夫妇自英国回到成都。同年年底，经贺龙元帅推荐，夫妇二人来到十八军西藏政策研究室工作。想到很快就能上“前线”，用平生所学为经营西藏、发展西藏贡献力量，这对胸怀报国之志的夫妇非常兴奋，李安宅遂赋诗一首：

五十书生出边关，何惧征鞍路三千。
伴同红旗浑忘老，尝尽江山不费钱。
半生蹉跎喜梦醒，万岁事业齐心干。
愿将余生献华夏，同庆百年共骈阗。

经过短期培训后，1950年初，政策研究室的成员踏上了进藏之路。李安宅、于式玉和政策研究室其他同志一起，克服高原气候恶劣、道路艰辛、补给不足等困难，通过各种渠道和途径，详细了解西藏的地形、气候、交通、政治、经济、民族、宗教等各方面的情况，撰写了一系列有价值的文章。其中，《对西藏各种政策的初步意见》一文成为党中央、西南局制定“进军西藏十大政策”的主要依据，也为后来和平解放西藏的谈判以及签订“十七条协议”提供了重要参考。

昌都解放之后，新成立的昌都地区人民解放委员会委托时任文教组负责人李安宅、于式玉同昌都各阶层人士一起商讨办学事宜，并成立了昌都办学董事委员会，他们夫妇二人均当选为董事。董事会决定先办冬学，招收学员不受年龄、性别、民族、信仰、身份的限制，课程以教授藏文为主，汉文为选修课。不久之后，冬学发展为昌都小学。昌都小学是国家在西藏开办的第一所现代小学。

1951年元月冬学开学，昌都各阶层的许多成人和孩子踊跃入学，其中有帕巴拉·格列朗杰和罗登绕协两位活佛。40多岁的解放委员会副主任格桑旺堆及其儿女和家中佣人的孩子在学校既是教授藏文的老师，又是学习汉文课程的学生。学校初创，一切从头起步。那时候入藏公路还没有开通，交通十分不便，军队补给困难，党中央又有“进军西藏，不吃地方”的政策要求，学校的生活条件和教学条件十分艰苦。再加上冬学学员结构复杂、水平参差不齐，教学任务十分艰巨。李安宅和于式玉两位教授，怀着极大的耐心、决心和勇气迎接挑战。他们身兼多职，既是学校的管理者，又是教师；既负责上课，又负责编写教材。他们根据学生的不同情况和水平编写了各类教材，设计了不同的教案。他们根据各自特长分工合作：于式玉藏文水平较高，就负责藏文教学，从30个藏文字母教起；李安宅则负责汉文教学，从一些简单的汉语名词教起。因为两位教授不断探索，方法得当，学生们进步很快。学员们学到汉字和新知识后，又把所学传授给家人和亲友，从而增强了汉藏民族间的交流和感情。

“师者，传道授业解惑也。”李安宅和于式玉对学生们的教育是多方位的，不但教他们知识，还教他们穿衣打扮的技巧、待人接物的礼仪以及为人处世之道。有时候，于式玉会给女学生梳发辫、扎花结，就像对待自己的女儿一样。通过在学校的学习，学生们的素质全面提高，昌都小学成为当地社会活动中不可或缺的新生力量。在欢送西藏地方政府和谈代表团去北京的时候，昌都小学的学生们身着鲜艳的服装载歌载舞，向代表们献上红花，又放飞起象征和平的鸽子。精彩的表演让代表团成员十分惊喜，纷纷走上前，向辛勤付出的两位教授表示由衷的感谢。

“十七条协议”签订之后，十八军主力部队于1951年10月26日进入拉萨。为了解决语言交流问题，中共西藏工委和十八军党委决定在拉萨仲吉林卡创办藏语藏文培训班，根据工作需要李安宅和于式玉从昌都调往拉萨工作。

仲吉林卡是旧西藏官员的游玩之地，办校伊始只有一座藏式旧楼房供教师们办公和休息，工作人员和学员们只好住在军用帐篷里。没有教室，大家就在树林里上课。学员们席地而坐，膝盖就是课桌。老师们在树干上挂张木板，就是黑板了。为尽快满足教学需要，任教务长的李安宅和于式玉、谢国安等老师经常通宵达旦地编写教材。为此，训练班班主任徐爱民曾赋诗一首：

杨柳丛中数盏灯，深夜仍闻读书声。
藏训班里几尊翁，编译教材到鸡鸣。

十八军战士学习藏文

1952年的五四青年节过后，十几名追求进步的藏族贵族青年要求入学。于是，藏训班之外，新设立了汉语文班，又称“社教班”。李安宅、于式玉都有在国外留学和任教的经历，学识渊博，品格高尚，在贵族学员中很有威望。很快社教班吸引了越来越多的学员，规模迅速扩大。西藏伪“人民会议”对此感到恐慌不安，他们软硬兼施、不择手段破坏社教班的教学活动，结果却适得其反，社教班反倒名气越来越大，口碑越来越好。

1952年10月，藏训班改为藏语文干部学校，于式玉任副教育长兼教育办公室主任。为了提升教学水平，她积极探索，将旧式藏文教学体系中逐个教授字母和先讲烦琐语法的教学方法改为规范化拼音教学，取得了良好的教学效果。采用新的教学方法之后，汉族学员在三个月内就能学会藏语，并上台演讲。编教材、刻蜡版、推油印机等工作，于式玉也事必躬亲。虽然工作十分辛苦，但她乐在其中，因为她是在为建设一个光明美丽的新西藏添砖加瓦。

藏语文干部学校成立时，李安宅已经离开了。1952年2月，他作为拉萨小学筹办委员会成员，投身拉萨小学的筹办工作中。同年8月，拉萨小学开学，李安宅遂调入该校。

1954年，于式玉因健康状况恶化被安排回内地休养，李安宅随之回到四川。虽然两位教授在西藏仅工作了五年，但是作为西藏教育的拓荒者，他们的功绩值得被世人永远铭记。如今，他们倾尽心力培养的学生在不同工作岗位上为西藏的发展贡献着力量，让一个美丽富饶、安定祥和的新西藏屹立在世界之巅。

（尹蔚彬　供稿）

参考文献

①王先梅：《五十书生出边关，何惧征鞍路三千——忆李安宅、于式玉教授》，《中国藏学》2001年第4期。

②黄可：《为解放西藏特设的机构——政策研究室》，《新西藏》2015年第3期。

③《中共西藏党史大事记之1952年》，西藏民族大学官网2021年3月5日。

④刘晓梅：《五十书生出边关——李安宅、于式玉》，马卫东、白玛仁增主编：《汉藏一家人》，西藏人民出版社2021年版。

将珞瑜文化进行到底

年轻时的冀文正

1954年8月的一天，到波密已经三年，工作越来越得心应手，与当地群众关系越来越融洽的中共西藏工委波密分工委干部冀文正正在为自己做一张床时，军代表倾多宗来了，问他做床干啥。冀文正回答："地上太潮，睡着不舒服，做张床改善一下。""你不一定在这儿待多久呢。"倾多宗提醒他。"我在这里扎根了。"冀文正回答。这下，倾多宗不再说话，而是递过来一封信。冀文正看完信，也沉默了。原来，组织上要调他到珞瑜地区的墨脱工作。对于这个新去处，冀文正了解不多，只知道是个偏僻而神秘的地方，一年只有四个月时间可以靠陆路与外界通行，其余时间都是大雪封山，与世隔绝。虽然前路未知，但对于革命人来说，党叫干啥就干啥，冀文正收拾起简单的行装，踏上了前往墨脱的路。他没有想到的是，这一去就是16年；他更没有想到的是，他从此与墨脱结下了一辈子的缘分，改变了生活在那里的两个部族的命运。

冀文正在一名珞巴族向导的带领下，徒步翻越喜马拉雅山脉海拔5 000多米的金珠拉山口，整整走了七天，才进入珞瑜地区工作组三个大本营中的金珠大本营。这七天，他每晚都住在山洞里。他惊讶地发现，每个山洞都有装酒的竹筒和湿柴。听了向导的解说他才知道，竹筒是出远门的珞巴族人在山洞里存放的，无须担心有人偷盗；湿柴是离开山洞的人为后面来住宿的人准备的，因当地雨水多，不好找干柴，前面住宿的人就在火堆旁堆放湿柴，烤干些方便后来的人使用。这种“薪火相传”的风俗，引发了冀文正对珞巴族民风民俗的兴趣，也由此开启了他的珞瑜文化研究之路。

冀文正开展工作的第一个地点是一个叫卡布的珞巴族村庄，这里四面都是悬崖，森林密布，还保留着刀耕火种的生产方式，非常原始。刀耕火种需要斧头，而这个100多人的村子里竟然只有4把斧头。在波密分工委的帮助下，冀文正和战友从内地购买了2 500多件铁制农具，无偿发放给当地百姓。这一下子拉近了工作组与当地百姓的距离。

冀文正讲述自己的故事

为了提高当地主要农作物——玉米的产量，冀文正决定推广人工授粉。但是这种闻所未闻的新方法，即使他磨破嘴皮，当地百姓也不肯采用。无奈，他只好和部落首领商量，在首领家的农田里搞试验，让大家来观摩。为了便于百姓理解，冀文正还给人工授粉想了个新叫法——“玉米结婚”。到了秋天，当地人惊讶地发现，首领家的玉米个头大很多、产量高很多，这下他们相信了，原来“结了婚”的玉米真的高产！不用冀文正再做工作了，大伙儿纷纷上门求教，人工授粉轻而易举地推广开来。

潮湿且多密林的环境，让当地疾病高发、疟疾肆虐。长久以来，当地人习惯了用巫术来“治病”，不肯求医问药。部落酋长的女儿雅姆被疟疾折磨了一个多月，巫婆神汉都请遍了也没好，奄奄一息。冀文正说服了部落酋长，让雅姆服下奎宁，三天之后，雅姆的身体状况便大有好转。雅姆治病的经历让酋长改变了观念，也影响了一大批群众，让他们不再相信巫术。

由于当地医疗人才奇缺，冀文正和他的战友们还开展了“人人学习，人人当医生”的活动。在走村串户救死扶伤的同时，针对当地常见的胃病、便秘、疟疾等疾病，在百姓中普及医药知识，提高他们的自救互救能力，在一定程度上改善了百姓的健康状况。

冀文正在墨脱一共工作了16年，期间仅休假四次。对墨脱的地形地势，他十分熟悉。1962年6月8日，他带领15名勇士经过三天三夜占领月儿冬垭口，提前23个小时进驻战区，阻止了外军拟于6月10日侵占墨脱的企图，两次获得全军通报表扬。

冀文正是初中毕业生，在那个年代属于知识分子。时任十八军军长张国华在担任豫皖苏军区司令员时延揽了一大批人才，冀文正就在其中。南京解放后，冀文正作为十八军随营学习的一员参与了南京的接管工作。后来，冀文正随十八军进藏，主要负责政策宣传工作。冀文正文化基础好，学习能力也很强，先学会了藏语，到了墨脱地区后又学会了珞巴语与门巴语，这不但为他开展工作提供了便利条件，也为他业余时间了解、研究珞瑜文化奠定了坚实的基础。

冀文正有写日记的习惯，从1952年起，他就在日记中不自觉地记录了一些民谣、民间故事。后来，无意识变成了有意识，搜集时有了目的，有了计划，有了提纲，开始的口问笔记也变成了录音。在墨脱工作的16年间，冀文正曾22次从南、北、东三个方向进入大峡谷核心地带，徒步翻越飞机都不易逾越的喜马拉雅山脉三大山口进出墨脱，获得了大量有关珞瑜文化的原始资料。1970年，冀文正调到拉萨工作，他利用业余时间对这些原始资料进行系统整理。在整理过程中，他发现了很多缺漏，于是采用“请出来”的办法，在墨脱的“开山”季邀请民间艺人到拉萨，对其进行采访、录音。18年间，他先后邀请了6批共15人，这些人的交通食宿费和误工费都是冀文正一个人承担的。通过这种方法，他又获得了上百万字的第一手资料，其中不少价值重大。

1988年8月，冀文正离休了。辛苦了一辈子，本该享享清福，但他离休后做的第一件事却是重返墨脱。9月进墨脱，一直待到次年6月。这次重返，他考察的对象主要是雅鲁藏布江大峡谷，搜集了大量与之相关的书稿、照片、录音和日记等珍贵资料。20世纪90年代，冀文正又几次故地重游：1996年，他应邀担任新华社纪录片《墨脱》的总顾问和向导；1998年，他第28次徒步翻越喜马拉雅山脉，67岁的他在大峡谷中考察了8个月，曾有一天身上蚂蟥叮咬了34处，伤口流血不止。这几次重游，冀文正花光了10年的工资结余，6只脚趾也磨坏了，但他收集到了大量原始资料。

几十年间，冀文正的足迹踏遍了墨脱所有珞巴、门巴村庄，收集整理民间故事、民歌、谚语1 000多万字，写下日记210万字，发表文章500多篇，著书21种。其中，《珞巴族民间故事》一书荣获2011年中国文联、中国民间文艺家协会颁发的“山花奖”。

冀文正来到珞瑜地区时，门巴、珞巴两个部族还没有作为单一的民族被国家认定，他觉得这不利于当地的发展和民俗文化的拯救，于是精心收集、整理了有关这两个古老部族的11份资料，又附上自己的考订和研究，上报给西藏自治区和国务院，得到了中央有关部门的重视。1964年和1965年，国务院相继认定门巴族和珞巴族为单一的民族。

冀文正常说：“将珞瑜文化进行到底，为边陲人民造福，是我这辈子坚持得最久的一件事，也是最有意义的一件事。”

（张月霞　供稿）

参考文献

①唐启胜、次仁片多、索朗琼珠：《冀文正：这辈子最念的还是西藏》，中国西藏新闻网2020年10月24日。

②雷新乾：《光彩的人生——记述情系西藏的河南老人冀文正》，四川省河南商会网2015年1月15日。

③孟燕：《一位老共产党员的珞瑜文化情怀》，中国文艺网2016年8月12日。

④邓开云：《冀文正：60年的墨脱情结》，《中国西藏》2018年1月29日。

⑤萧清：《雪域珍档——22位老兵的进藏记忆》，西藏人民出版社2021年版。

从翻身农奴到高原主人

仁增旺杰

2008年8月25日，我国行政级别最高、年龄最大的乡干部——西藏自治区山南地区（今山南市）隆子县列麦乡党委书记仁增旺杰在拉萨逝世，享年74岁。去世前几个月，他还在担任宣传贯彻党的十七大精神的义务宣讲员。他曾说：“我73岁了，在西藏山南地区隆子县列麦乡，可算得上一名西藏历史的见证人。我要宣传十七大精神，为年轻人讲讲党领导下的西藏发生的翻天覆地的变化。”这位具有传奇色彩的人物，是半个多世纪以来西藏历史的见证者，其跌宕起伏的不平凡人生，也与西藏这段历史息息相关。

1935年，仁增旺杰出生于今西藏隆子县一个世代为农奴的家庭。在西藏民主改革前，封建农奴制度下的农奴被视为“会说话的牛羊”，饱受残酷的经济剥削和政治压迫。他们没有自己的土地，也没有人身自由，领主可以把农奴用于租让、转让、赌博、抵押、赠送或出卖给其他领主。旧西藏有句民谚：“农奴身上三把刀：差多、租重、利钱高；农奴面前三条路：逃荒、为奴、乞讨。”仁增旺杰的家乡，在新中国成立前的短短四五十年间，全乡183户农奴中，就有55人被迫沦落在外，以乞讨为生，有18人被杀害，有28人活活饿死。

仁增旺杰的童年十分悲惨。农忙时节，他要为主人种田、放牧、干各种杂活；其他时间，则要背着五六十公斤重的糌粑，送到几百公里外的拉萨，每年往返两三次。一年到头辛辛苦苦，也只能挣得一点勉强糊口的食物。稍有差错，就会遭到一顿毒打。仁增旺杰在10岁那年，因为丢了一只羊，就被主人打得皮开肉绽，还被扔在羊圈里饿了三天三夜。“我们西藏农奴的悲惨遭遇，真是人世间罕见啊！”一提到过去，仁增旺杰仍悲愤难抑。

1954年和1956年，还是农奴身份的仁增旺杰被派去帮助解放军修建川藏公路。筑路工作非常辛苦，仁增旺杰却很满足：“一天有四块大洋拿，干活给工资，还有很多吃的，怎么会苦？”最让他难忘的是，工间休息时，一位解放军还端了一搪瓷缸水给他喝。他平生第一次受到了平等对待和尊重，心里不禁翻江倒海。他知道解放军是共产党派来的，从此暗下决心，以后要跟着共产党走。

1959年3月10日，西藏上层少数分裂主义分子为了维护农奴制，发动了武装叛乱。3月28日，周恩来总理发布国务院命令，决定解散原西藏地方政府，由西藏自治区筹备委员会行使西藏地方政府职权，领导西藏人民一边平定叛乱，一边进行民主改革。消息传到隆子县，不少农奴听信反动分子散布的解放军如何残暴的谣言，选择了逃亡。仁增旺杰却坚定地留在家乡，他坚信解放军是好人，他们的到来是福不是祸。

解放军来平叛了，仁增旺杰主动站出来，为当地干部和解放军当向导，提供叛乱分子动向，还组织百姓设卡堵截叛乱分子。

民主改革在西藏顺利推进，封建农奴制被废除了，广大农奴翻身做了主人。仁增旺杰不但获得了人身自由，还分到了田地、牛羊。第一次拥有了自己的财产，他忍不住热泪盈眶，从心底里感谢共产党，更加坚定了跟党走的信念。

1959年，仁增旺杰成为隆子县新巴区列麦乡农会主席。1962年，他开始担任列麦乡副乡长。1962年的5月25日，是仁增旺杰终生难忘的日子，他光荣地加入了中国共产党。从此，他牢记党的宗旨，把全心全意为人民服务作为自己毕生的追求。

入党之后，仁增旺杰担任了列麦乡党支部书记，带领乡亲们脱贫致富成为他的奋斗目标。仁增旺杰深知，耕地少是列麦的短板，想要吃饱饭，就要增加耕地。从1966年起，他带领乡亲们，怀着“引河水上山，叫荒原献粮”的豪情埋头苦干，把海拔4 200米的荒地桑钦坝改造成农田，并取名为“革命坝”；又把莫拉河的水引来，取名为“幸福渠”。“叫荒原献粮”的梦想成真，粮食产量翻了好几番。仁增旺杰带领列麦的乡亲们书写了愚公移山的传奇，铸就了不等不靠、不屈不挠、自力更生、艰苦创业的“列麦精神”。仁增旺杰与革命坝、列麦紧密相连，其先进事迹迅速传遍了雪域高原。列麦是西藏农业学大寨的一面红旗，仁增旺杰作为走社会主义道路的带头人，受到毛泽东主席、周恩来总理等党和国家领导人的接见。

仁增旺杰小时候没有机会读书，因此他深知发展教育的重要性。20世纪60年代初，他就创办了政治文化夜校，为老百姓提供学习机会。没有教材，他亲自到附近的乡去借。他自己也成为夜校最认真刻苦的学生，为其他学生起了良好的表率作用。1967年，仁增旺杰在乡里成立了青年业余宣传队和社办小学业余宣传队，开展丰富多彩的文艺宣传活动。1972年，为了方便百姓开阔眼界、提高知识文化水平，他在列麦建起了农村广播网，还成立了农村电影放映队。

仁增旺杰虽然文化水平不高，却很有智慧。作为民族干部，他对国家的民族政策理解得非常透彻，在工作中能妥善处理涉及民族问题的矛盾和纠纷。20世纪70年代，一位在列麦乡插队的朝鲜族女知青烹煮并吃掉了一只被汽车压死的狗，受到藏族群众集体排斥。仁增旺杰得知此事后，立即召开了社员大会，告诉藏族同胞，吃狗肉是朝鲜族的风俗习惯，就像藏族有自己的风俗习惯一样，应该得到理解和尊重。在他的说服教育下，藏族同胞们理解了这位朝鲜族女知青，和她和好如初。仁增旺杰因此受到十世班禅大师的称赞。

由于仁增旺杰出色的政治素养、工作能力以及突出的成绩，他的职位越来越高，荣誉也接踵而至。1971年8月至1998年5月，他先后任隆子县委副书记、书记，县“革委会”主任，县人大常委会主任，县长，山南地区政协副主席，西藏自治区党委常委。他还当选为第四、五届全国人大代表，中共第十一届中央候补委员，中共十二大代表，还参加过中央第一次西藏工作座谈会。但是，不管身份、地位如何变化，仁增旺杰全心全意为人民服务的初心始终未变。

1992年，担任西藏自治区党委常委和山南地区政协副主席的仁增旺杰做出了一项重要决定，他对组织上说：“以我的知识水平，只能当个乡干部，还是让我回乡里吧。”“重要的位置应该让给有文化、有责任心的年轻人，我只想在有生之年踏踏实实地为列麦人民做些更加实惠的事情。”经组织批准，仁增旺杰回到了列麦，担任乡党委书记。1996年9月，经国家批准，仁增旺杰享受副省级待遇，成为全国行政级别最高的乡党委书记。

回到列麦之后，仁增旺杰一门心思扑在当地发展上，每天早上五点钟，他准时起床，吃点糌粑，喝一壶酥油茶，便开始了一天的奔忙。他走家串户，深入田间地头，挖掘列麦的优势资源，广泛听取群众的建议，共谋列麦的发展。在他的带领下，列麦人民搞农业综合开发、兴办企业、开发水电……日子越过越红火。同时，当地的教育事业也快速发展。1992年8月，列麦乡建起了西藏第一所希望小学。仁增旺杰只要一有空就到学校去走走看看，听老师讲课，了解学生的学习情况，有时甚至会亲自授课，结合自己的人生经验和感受，鼓励学生好好学习。在他的推动下，列麦乡又建起了几所小学，适龄儿童入学率达到了百分之百。

仁增旺杰是共产党员吃苦在前、享受在后的典范。在西藏流传着他多次搬家的故事：先是把好房子让给住破房子的扎西，自己住到庙房里；又腾出庙房办小学，自己搬到破房子里；后来就连破房子也让给了达娃卓玛一家。任公社党支部书记后，他说服家人，把家从收入最高的二队搬到收入较低的三队，带领三队提高收入后，又搬家到了收入更低的一队……

享受副省级待遇的仁增旺杰工资较高，但他没有用来享受，而是每月从工资里拿出5 000元，作为乡里技术人员的补贴。仁增旺杰在拉萨有西藏自治区政府分配的一套住房，但他很少去住，最多每个月去一次，待不了几天就又回到列麦。直到去世前几个月，仁增旺杰还拖着不太灵活的双腿为百姓奔波。他说："党和人民给了我这么高的待遇，我只有多做工作来报答。"

2008年，为家乡辛苦操劳了一辈子的仁增旺杰永远地合上了双眼，但是他带领乡亲们铸就的自力更生、艰苦奋斗建设美好家乡的"列麦精神"，作为一股强大的精神力量，激励后人为建设一个文明富强、和谐美丽的新西藏而不懈奋斗。

（张月霞　供稿）

①旺堆：《特殊宣讲员——仁增旺杰》，中国广播网2013年12月4日。

②中共西藏自治区党委党史研究室：《仁增旺杰的传奇人生》，《西藏日报》2020年10月23日。

③周亚君：《从一个人读懂西藏》，中国西藏新闻网2017年4月5日。

④刘培勇：《翻身农奴，高原主人——仁增旺杰》，马卫东、白玛仁增主编：《汉藏一家人》，西藏人民出版社2021年版。

血汗浇灌康藏路

1950年初，遵照党中央、毛主席“一面进军、一面建设”的指示，由中国人民解放军和各族民工、工程技术人员组成的10余万人的筑路大军，怀着“叫高山低头、让河水让路”的英雄气概奋勇拼搏，用血汗和智慧乃至生命冲破了山洪、冰川、泥石流、流沙等自然阻碍，斩断横断山脉，劈开二郎山、雀儿山、折多山、达玛拉山、色季拉山等14座大山，跨越大渡河、雅砻江、金沙江、澜沧江、怒江、拉萨河等大江大河，在雪域高原上修筑成一条长达2 255公里的康藏公路（1955年原西康省撤销后，改称川藏公路，并以成都为起点）。

1954年12月25日，庆祝康藏公路、青藏公路通车典礼在拉萨举行

1954年12月25日，康藏公路和青藏公路全线通车，两条“吉祥的彩虹”相会在拉萨，将雪域高原与祖国内地联系在一起。康藏公路的修建，创造了中国公路史乃至世界公路史上的奇迹。黄寿康就是这支

黄寿康在布达拉宫前

创造奇迹的英雄筑路大军中的一员。

1950年底，解放军在成都宣传并招募修路工人。那一年，黄寿康19岁，正是青春年少的热血儿郎。怀着把光明和幸福带进西藏，让帐篷变高楼、让荒原变牧场的豪情壮志，他瞒着家人报了名并被录取，由此开启了5年艰苦卓绝的筑路岁月。

在泸定，作为民工被编到康藏公路工程处七大队四中队四分队的黄寿康，在领了一套被服、佩戴上一枚技工胸章之后，没有停歇，就开始了紧张的工作。他与筑路大部队一起通过泸定桥搬运装载进藏物资，并很快坐上了开往康定的汽车。

泸定到康定，道路崎岖颠簸。尽管汽车开得很慢，坐车的人还是被折腾得够呛，五脏六腑仿佛都要被颠出来。刚开始大家都还很兴奋，看风景、聊天说笑，当汽车爬上海拔4 290米的折多山后，大家都出现了轻重不一的高原反应，只好开始沉默休息以保持体力。一位姓郭的同志因为感冒，就捂着被子睡觉，谁知过了折多山，有人发现不对劲翻开被子，才发现他已经停止了呼吸。瞬间的阴阳相隔让筑路队伍里的气氛变得沉重而压抑，黄寿康感受到了死亡的恐惧，但是他并没有因此退缩。

旅途劳累加上高原反应的折磨，黄寿康和队友都有些虚弱，但是筑路工作时间紧、任务重，他们仅仅休整了三天就开工了。因为在高原施工，工作进展得并不顺利，加之队伍里很多人都是新手，又缺乏技术人员，铺设的道路经常不能达到质量要求，不得不返工，第一天就返工了好几次。但是大家并没有泄气，而是边摸索边总结经验，慢慢地，铺路的活儿干得越来越得心应手。

在高原上筑路，面临的挑战是多重的。1951年7月初，黄寿康随着部队来到雀儿山修路。雀儿山海拔6 168米，垭口海拔5 050米，是康藏南北两线高度之首。这里的山峰终年云遮雾罩、白雪皑皑。在这里修路，极度的寒冷和潮湿困扰着修路的队伍。白天还好，晚上睡觉时，他们不得不用短树枝垫在被褥下面来防潮，还要担心睡到半夜上面掉落的积雪把帐篷压垮。很多人冻得不能入眠，后来因为实在太困太累，倒是睡着了，却又被冻得感冒。早晨醒来，眉毛、头发上都结了冰碴，鞋子则冻在地上拿不起来，拿手去拽，鞋子拿起来了，手却和鞋子冻在一起。想使劲把手和鞋子脱离开来，一不小心，手就被扯掉了皮。做饭用的是融化的雪水，高原上沸点低，大家只能吃夹生饭；新鲜蔬菜自然是没有的，用来下饭的是黄豆和咸鱼；劳保用品也供应不

战士们在雀儿山上筑路

艰难修筑康藏公路

康藏公路修筑现场

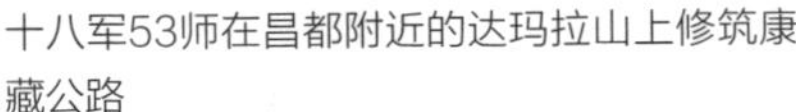

十八军53师在昌都附近的达玛拉山上修筑康藏公路

十八军领导现场检查施工情况

十八军战士劈山开路

旧西藏的人力渡船

参与修筑康藏公路的官兵和民工在悬崖绝壁间开山筑路

十八军53师战士在然乌沟石峡上悬空打炮眼

上，每个人一个冬天只能分到四双手套，根本不够用，只得用旧衣服缠在手上来取暖和保护双手，很多人的手都冻裂了。

除了生活条件差，施工条件也极端艰苦。雀儿山线路总长60多公里，山上有很多地带是永久冻土层，坚硬如石。黄寿康和队友们抡着铁锤开凿冻土，虎口震裂开了口，流淌的鲜血变成殷红的冰凌。为了对付冻土，他们想出了“火攻法”，就是将树枝和木材放在地上烧烤，烤化一层，挖掘一层。工地气温常在

毛主席的伟大号召——“为了帮助各兄弟民族，不怕困难，努力筑路！”鼓舞着指战员们修筑公路的战斗意志

零下二三十摄氏度，白天烧化的冻土夜晚又被冻住；上面土层烧化了，下面还冻在一起。只能让柴火不停地燃烧才能解决问题，大家只好不断地砍柴、捡柴，在冰天雪地的高原上来回奔波十几里甚至几十里路把这些柴火运回来，接续火堆的燃烧。在挖填土方时，有时遇到巨石拦路，又有人想出了先放火猛烧再用冷水猛浇的方法，通过热胀冷缩原理使石头爆裂，再将其击碎、清除。

为了加快工程进度，施工队也会使用炸药。但是使用炸药有两个局限：一是供应不足，不能超耗使用；二是危险性大，一不小心就容易造成人员伤亡。有一次，根据爆破需要，施放了50公斤的炸药，虽然沿线用小喇叭通知大家做好掩蔽，但爆炸威力太大，炸飞的石头也导致了伤亡。还有一次，施放炸药时产生了哑炮，黄寿康所在分队的队长周海如身先士卒，冒着危险去排除，不幸被炸飞，还没送到医院就牺牲了。

在康藏公路修筑过程中，危险无处不在，爆炸事故、山洪、泥石流……夺去了无数筑路者宝贵的生命。在施工第一年，就有不少于2 000名的战士和民工牺牲。修筑雀儿山段公路时，黄寿康所在的分队原有40人，最后只剩下24人。加上其他分队的同志，仅修雀儿山段就有300多人牺牲。可以说，筑路者们用汗水和鲜血一寸寸地浇筑成了康藏公路。

十八军修路至昌都后，当地群众敬献锦旗

时刻面临死亡的威

康藏公路

胁，并没有让黄寿康当“逃兵”，反倒坚定了他修路的信念。他告诫自己随时小心、保护好生命，和活着的队友们一起完成那些牺牲了的队友们的遗愿：把路修到拉萨去，把光明和幸福带给西藏人民。此后，无论是在地质结构特别复杂的波密地区，还是在原始森林地带的色季拉山，黄寿康都刻苦钻研、保质保量地完成工作任务。修完康藏公路之后，黄寿康又参与了拉萨市区公路、河堤以及夺底工程的修建。因为工作努力，在筑路过程中，黄寿康升了职，由民工转为干部，还入了团。

1957年，黄寿康从拉萨返回成都。1958年底，他被调到贵州工作，和1 000多名参与过康藏公路建设的工程人员一起成为贵州公路建设中的中坚力量。

黄寿康晚年回顾起那段筑路岁月，非常感慨地说：“我们在西藏艰苦的环境下锻炼出了坚强的品格，一不怕苦、二不怕死，这种精神让我一辈子受用，后来遇到再大的困难都不怕。所以说，我把青春献给了西藏，西藏又给了我永远的青春。”

（张月霞　供稿）

①蒋蓝：《天路叙事——川藏公路、成阿公路筑路史》，四川大学出版社2021年版。

②《我把青春献给了西藏　西藏又给了我永远的青春》，贵州广播电视台《动静》栏目2019年7月28日。

③陈文琪、王建霞：《川藏公路上的青春故事》，《中国公路》2018年第4期。

④纪念川藏青藏公路通车三十周年筹委会办公室、西藏自治区交通厅文献组编：《纪念川藏青藏公路通车三十周年文献集》，西藏人民出版社1984年版。

⑤《我把青春融入川藏公路建设中》，搜狐网2018年8月2日。

平凡中书写精彩的藏族女战士

1950年10月1日，为庆祝中华人民共和国成立一周年，人民解放军陆、海、空三军和首都各界人民举行了盛大的阅兵式和游行。看着威武雄壮的解放军队伍从天安门前经过、坦克大炮徐徐挺进、战机如银鹰在天空中展翅飞翔，观礼台上，来自解放军第十八军的藏族女战士余西志玛忍不住热泪长流，她为新中国的强大而骄傲，也为自己是这支钢铁雄兵中的一员而深深自豪。

余西志玛出身于四川省甘孜地区巴塘县一个农奴家庭，她的妈妈是一个非常伟大的女性。妈妈用给人帮工洗衣服的微薄收入供余西志玛读了几年书，让女儿成为农奴家庭中为数不多的有文化的女性。

1949年，地下党员平措旺杰在巴塘散播革命火种，建立了先进的青年组织——东藏民主青年同盟（以下简称“东藏民青”），余西志玛成为其中的一员。国民党统治时期，平措旺杰从重庆秘密运输一批马列主义书籍到巴塘，藏在菜窖里。国民党败走之后，这些书籍被正大光明地拿出来，供巴塘的党员、东藏民青成员和进步人士借阅。余西志玛应平措旺杰之邀当了几个月的图书管理员，由此对马列主义有了初步的了解。

1950年8月，解放军第十八军南线部队进驻巴塘，全县人民夹道欢迎，还送上热气腾腾的巴塘包子慰问。余西志玛和其他东盟民青成员更是万分激动，徒步几十里前去迎接。之后，她报名参军，成为十八军的一名战士。在进藏过程中，十八军急需一批民族干部，向藏族同胞宣传党的民族宗教政策，促进汉藏团结和军民团结。余西志玛因为有文化、性格活泼，又能歌善舞，成为重点培养对象。参军不久，余西志玛就作为西南地区各族代表团中藏族同胞的代表，被选派到北京参加国庆演出。到达北京之后，她先是和其他代表团成员一起被安排到动物园、故宫、颐和园等名胜参观，9月30日晚，还受到了毛泽东主席的宴请。那天的酒会请柬，余西志玛一直珍藏着，因为请柬上的邀请人是毛主席。

1950年10月1日，余西志玛观看了令她一生难忘的国庆阅兵式。10月3日，她参加了庆祝国庆的文艺演出活动，跳了欢快的巴塘弦子，向毛主席和全国人民展示藏族穷苦百姓的期盼。演出结束后，毛主席亲切地和她握手，还夸赞她歌唱得好。余西志玛既紧张又有点不好意思，一时之间不知道说什么好，但是这句鼓励的话她牢牢地记在了心里。

演出结束后，余西志玛又随代表团一起去东北及南京、上海等地参观。在去南京的列车上，收到昌都已经和平解放的消息，她和战友们欢呼雀跃，紧紧拥抱，甚至喜极而泣。

内地之行深深触动了余西志玛，她说："代表团的北京之行和一系列参观活动，让我看到了伟大祖国的美丽河山和内地大城市的繁荣进步，开阔了眼界，这些是我做梦都想不到的。同时，我也认识到了西藏的封闭、落后。"

1950年12月，余西志玛回到昌都，加入了南路先遣支队，被分配

西藏和平解放纪念碑

到联络部工作。第二年夏天，她跟随部队从昌都出发，攀雪山、蹚冰河，风餐露宿，奔赴拉萨。一路上，余西志玛的主要任务是对藏族群众进行政策宣传。那时候，“十七条协议”已经签订，向西藏地方政府官员和藏族群众宣传协议精神就成为她的首要任务。不管是行军还是宿营，她和战友们都会抓紧时间不厌其烦地进行宣讲，工作繁忙而辛苦。因为敌对分子的污蔑和诋毁，部分不明真相的藏族群众对解放军产生了误解，有的因惧怕而远离，胆大的还向官兵吐口水。还有人认为，是巴塘人把汉族人带到了西藏，对藏族战士也充满了敌意。经历千辛万苦甚至流血牺牲，要为藏族同胞送去光明和希望，却受到如此对待，余西志玛和战友们尽管心里十分委屈，却仍然严格遵守部队纪律，不和这些群众计较。

和汉族战士相比，在高原上土生土长的余西志玛等藏族战士爬起山来要轻松很多。常常是他们在山顶等候多时，汉族战友才气喘吁吁、筋疲力尽地陆续爬上来。有时候，在爬山中遥遥领先的余西志玛还会唱起歌，给落在后面的战友加油鼓劲。因为体能好和会藏语，余西志玛还主动承担了宣传之外的很多工作，如捡柴火、买马草、当翻译等，她任劳任怨，从不叫苦叫累。

到了拉萨之后，一方面，余西志玛继续向藏族同胞宣讲“十七条协议”，宣传党的民族宗教政策；另一方面，为了缓解部队的缺粮危机，她还经常去西藏爱国商号——邦达仓一位有进步思想的亲戚那里购买青稞。

1952年，余西志玛和同为东藏民青成员的他新一起，进入由中共西藏工委直接领导、由西藏军区后勤部部长李觉任总经理的西藏贸易总公司，到西藏边境重镇亚东工作。在李觉的撮合下，余西志玛与他新结为夫妻。当时，为了解决进藏部队的物资供应问题，中共西藏工委采取了一系列措施，比如在中央政府和印度大使馆的帮助下，取得了直接在印度购买物资的资格，打通了从海上通过印度转运物资到西藏的通道。

1952年4月，中央政府从广东调运了一批大米经印度转运至亚东。在公司里，余西志玛夫妇主要负责协调粮食转运工作。他新与协助运粮的邦达仓关系很好，每次协调工作都开展得很顺利。

1953年，余西志玛和他新的第一个孩子诞生，此后四年，她又接连生了三个孩子，但是夫妻二人却因为工作繁忙疏于对孩子们的陪伴和照顾。小儿子德旺甚至怀疑父亲不爱自己，直到生病住院，看见父亲为自己端屎端尿，还偷偷哭泣，才消除了心中的疑虑。根据组织的安排，余西志玛夫妻经历过多次工作调动，先是从亚东的贸易总公司调到北京的对外贸易部工作，没过多久，又调回西藏。民主改革初期，他们前往位于陕西咸阳的西藏民族学院工作，之后又调回拉萨。对于组织安排，他们每次都毫无怨言地服从，从未提过任何条件。

虽然没有惊天动地的伟业，但是余西志玛以奉献为底色，在一个个平凡的岗位上书写了精彩而值得回味的一生。

（张月霞　供稿）

①萧清：《雪域珍档——22位老兵的进藏记忆》，西藏人民出版社2021年版。
②赵娟：《中共在西藏和平解放初期的经济政策》，《内蒙古电大学刊》2016年第4期。

从贫苦农奴到“珠峰第一巾帼”

2008年8月8日，在北京奥运会的开幕式上，在八位护送奥林匹克会旗进场的功勋运动员之中，有一位藏族女性，她就是世界上第一个从珠穆朗玛峰北坡登顶的女性——潘多。

1939年，潘多出生于西藏昌都地区一个藏族农奴家庭。她的童年，正是西藏封建农奴制度灭亡的前夜，农奴被剥夺了做人的权利，他们被随意买卖和任意处置，农奴的子女生下来就是农奴。潘多6岁时，就被迫赶着羊群去放牧；8岁时，父亲去世，她随母亲一路乞讨来到父亲的老家日喀则，这里也是世界最高峰珠穆朗玛峰耸立的地方。那时候的潘多，大概做梦也不会想到，有一天她会登上珠峰之巅。

来到日喀则后，潘多与母亲相依为命，除了织氆氇，她们还当起了背夫，背着六七十斤重的货物，跟随商队往返于喜马拉雅山南麓，每天要走十几个小时。就在那时，潘多练就了过硬的行走功夫，也养成了吃苦耐劳、坚韧不拔的性格。不幸的是，常年繁重的劳动压垮了潘多母亲的身体，在潘多18岁的时候，母亲也离开了人世。孤苦无依的潘多辗转来到拉萨，经人介绍，进入拉萨西郊的七一农场工作。

1958年，中国登山队来拉萨挑选女子登山队员。潘多报了名，并顺利通过三次选拔测试，成为中国登山队的一名登山运动员。在登山队，潘多接受了严苛的身体素质训练和登山技能训练，跑步、负重行军……她勤学苦练，很快便脱颖而出。

1959年7月，潘多和其他7名女队员登上海拔7 546米的慕士塔格峰，打破了当时海拔7 456米的世界女子登山高度纪录。1961年6月，潘多登顶海拔7 595米的公格尔九别峰，再次刷新了世界女子登山高度纪录。

登山是一项艰险的运动，耀眼的成绩背后，潘多付出了不小的代价。在一次登山中，她遭遇了雪崩，被甩到160米以外，埋在雪中。苏醒后，她爬出雪窝，发现自己被埋的位置就在悬崖边上。与死神擦肩而过，但潘多双脚严重冻伤，被截去五个脚趾。此时她并没有沮丧，而是说："从小，妈妈常提醒我，说我的名字在藏语中是'有用'的意思。但是，如果在农奴主统治下，我的一生将白白度过，而只有现在，我才能对人民、对祖国有用。"

1960年，中国登山队队员王富洲、贡布、屈银华完成了人类首次从北坡登顶珠峰的壮举，但是因为没有留下音像资料，未得到世界承认。1966年，中国登山队曾计划再次攀登珠峰，却因为种种原因导致计划搁浅。

潘多

1975年，中国登山队组建了"中国男女珠穆朗玛峰登山队"，决定重启攀登珠峰的计划。那一年，潘多已经36岁，是三个孩子的母亲，已经停止训练9年，体重严重超标，冻伤的脚趾红肿发炎，还忍受着骨膜炎导致的疼痛折磨。但当她听到中

潘多（右三）和队友们

国登山队重启攀登珠峰计划的消息后，毅然给未满周岁的小女儿断了奶，从丈夫的老家无锡奔赴北京参加训练。靠着强大的信念和顽强的毅力，潘多开始了大运动量的训练，并取得了良好的成绩：一个半月下来，她体重下降到50公斤，用三根手指能做50个俯卧撑！

1975年3月，中国登山队集结奔赴珠峰山脚。最初，潘多在登山队的职务是物资队队长，负责帮助主力队员运送物资。潘多有点失落，但她还是调整好心态，认认真真地完成了组织上安排的工作。4月，第一批突击队员登顶失败，队长在登顶过程中牺牲了。登山队进行了队伍重组，潘多被选入突击队并担任了副队长，但无登顶的硬性任务。5月17日，潘多和队友们向珠峰发起了新一轮冲击。5月21日，大本营党委通过报话机告诉潘多，她已被正式批准入党，这使潘多深受鼓舞。队伍攀登到8 600米时，一名女队员发生了休克，不得不下撤；另外一名女队员因为煮饭时高压锅发生状况，被滚烫的稀饭烫伤了脚。于是，潘多就成为队伍里唯一的女队员。因为这次登山的目标是男女混合登顶，如果女同志上不去，就等于没有完成任务。因此，潘多就成为此次登山是否成功的关键人物。

潘多后来回忆说，在海拔8 000米以上，身上带着一颗糖都觉得有千斤重。在离山顶就剩200多米的时候，感觉山顶就在眼前，却怎么也迈不动腿。但是潘多凭借顽强的毅力，一点点向上挺进，她在心里暗自发誓："哪怕我潘多还有一口气，也得上去！"

终于，在北京时间5月27日14时30分，潘多和8名男队员成功登顶，将五星红旗插上了珠峰之巅，潘多成为世界上首位从北坡登顶珠穆朗玛峰的女性。回忆起代表中国女性登顶的这次经历，潘多说："在旧社会，我们妇女生活在最底层。西藏和平解放后，我们妇女也获得了解放，实现了男女平等。我能登上珠峰，显示了我们妇女在新中国的地位。男同志能做到的事，我们女同志一样能做到！"

在珠峰顶部，队员们还完成了测定珠峰高度等一系列科考工作，精确测量出珠峰的高度为8 848.13米。此外，潘多还完成了一项特殊的任务——在珠峰上做心电图测试，以了解在世界最高峰上女性和男性有哪些不同。做心电图测试时身体要尽量松弛，但当时峰顶的气温低至零下40多摄氏度，而且缺氧，潘多躺在冰雪上身子哆嗦个不停，她硬是让自己平静下来，完成了人类第一份测于珠峰之巅的遥测心电图。

潘多退役后，随丈夫回到无锡定居，担任江苏省无锡市体委副主任、中华全国体育总会副主席。因为对中国登山运动的贡献，自20世纪70年代中期开始，潘多连续五次当选为全国人大代表。1995年，潘多还参加了在北京召开的第四次世界妇女大会。会上，她以满腔热情歌颂了中国共产党领导西藏人民建设西藏所取得的伟大成就，向全世界展示了西藏人民全新的幸福生活。

1998年退休后，潘多发挥余热，成为上海市宝山区同洲模范学校的名誉校长。她说："教育对我来说也是一座高峰，我要发扬登山精神，再攀这座高峰。"

每年开学，只要身体允许，潘多都会去参加开学典礼，给孩子们上一堂课。每隔一两个月，她会去学校给孩子们上登山课。提起名誉校长，孩子们都会自豪地说：“我们从小学习潘多精神。”

与此同时，潘多也没忘记为西藏教育事业的发展尽一份力。经过她搭桥，同洲模范学校和拉萨城关二小成了手拉手学校。潘多代表同洲模范学校向拉萨城关二小捐赠了教育基金以及价值10万元的训练器材。

2014年3月31日，潘多因病在无锡去世，享年75岁。斯人虽去，但她不畏艰险、勇攀高峰的精神将激励一代又一代中国人在各自的领域不断向前，创造辉煌。

（尹蔚彬　供稿）

参考文献

①张园园：《新中国首位登顶珠峰的女性潘多：心系祖国登山事业，做永远的攀登者》，《中国妇女报》2019年11月12日。

②陶邢莹：《首登珠峰女英雄潘多的三个“家”》，《湖南工人报》2014年4月6日。

③黄兴、许万虎：《潘多：永远向上的姿态》，《瞭望新闻周刊》2014年4月13日。

④尹欣、陈俊珺：《潘多——世界上最高的女人》，“解放周末”微信公众号2014年4月2日。

国旗阿妈

在祖国的大西南，西藏自治区日喀则市聂拉木县，中国与尼泊尔交界的樟木镇邦村，有一位藏族老阿妈，名字叫次仁曲珍。她出生于1910年6月6日。20世纪40年代，她和同村的普布结了婚，不久丈夫病逝，她再也没有结婚，膝下也无子女。西藏民主改革前，次仁曲珍曾是背夫，承担着繁重的苛捐杂税和服不完的徭役，生活毫无希望。民主改革后，次仁曲珍同西藏百万农奴一样翻身做了主人，过上了好日子。她经常跟别人念叨："感谢党，感谢解放军！没有党，我们农奴摆脱不了万恶的旧制度；没有解放军，我们过不上幸福的新生活。"

次仁曲珍不仅这样说，还把对党和政府的感激付诸实际行动。从民主改革至她离开人世的50多年时间里，她每天风雨无阻地在自家院子里升挂国旗。生病时，她仍然挣扎着起来升挂国旗；实在起不了身，也会叮嘱来照看她的人帮忙升挂国旗。

次仁曲珍老阿妈数十年如一日的坚持深深地感染着大家，在山头升起五星红旗成为当地人每一天生活的开始。次仁曲珍就是用这种朴实无华的方式来感谢党和政府，表达一位藏族老阿妈真挚而深厚的爱国情怀。

次仁曲珍老阿妈曾被中央电视台列为"感动中国十大人物"候

次仁曲珍与少先队员一起参加升旗仪式

选人之一，被西藏自治区评选为“爱国守法道德模范”，被日喀则市授予首届“最感动日喀则人物”称号，并接受天安门国旗护卫队赠送的国旗。2009年9月，上海大世界吉尼斯总部颁发给次仁曲珍“大世界吉尼斯之最”奖牌，上面写着：“每日升国旗持续年数最长的人”。

2013年3月，“国旗老阿妈”因病去世，享年103岁。老阿妈虽然去世了，但聂拉木县樟木镇邦村人延续着老阿妈的做法，鲜艳的五星红旗仍然每天在边境小镇上空迎风飘扬。

俗话说，一个人做好事并不难，难的是一辈子做好事。只要我们每个人都能像“国旗老阿妈”次仁曲珍一样，把爱国主义精神体现到具体行动上，我们的祖国就会更加美好！

（尹蔚彬　供稿）

①陈怀祥：《102岁国旗老阿妈：47年坚持自家升国旗》，新华网2012年5月22日。
②《“国旗老阿妈”次仁曲珍》，《中华儿女》（青联版）2009年第10期。
③《国旗老阿妈——次仁曲珍》，《西藏日报》2019年11月29日。

翻身农奴把歌唱

有人说，歌曲是最能体现代沟的一种艺术形式。可是，在中国年轻一代高度聚集的文化社区和视频平台——哔哩哔哩网站上，由1937年出生的老艺术家才旦卓玛演唱的《唱支山歌给党听》《北京的金山上》《翻身农奴把歌唱》等老歌，却受到很多年轻人的喜爱。他们在弹幕上这样写道："太'恐怖'了，两句就让我想流泪。""她的声音真能让人听见'力量'，看见那灿灿金光。""听了这么多藏族歌手唱歌，只要才旦卓玛老师一开口，我的眼泪就出来了，实在是太神奇了。""她一开口我的眼泪就哗啦啦地流，她的声音清澈透亮，让人就像看见雪域高原一样。"才旦卓玛的歌曲之所以能超越时空界限、消除代沟，除了她天生的纯美嗓音和高超的演唱技巧，歌声饱含激情、直击灵魂应该是最主要的原因。正如一位听众评价的那样："才旦卓玛老师经历过那个时代，所以歌曲中的真情实感其他人无法模仿。"

《唱支山歌给党听》是才旦卓玛的成名作，但是这首歌的原唱却不是她。她常对人说："这是我努力从别人那里'抢'来的。"

才旦卓玛"抢歌"的事情发生在1963年。一天早晨，正在上海音乐学院读书的才旦卓玛听到校园广播中在播放一首歌曲："唱支山歌给党听，我把党来比母亲。母亲只生了我的身，党的光辉照我心。旧社会鞭子抽我身，母亲只会泪淋淋。共产党号召我闹革命，夺过鞭子揍敌人……”越听，才旦卓玛越激动，因为这歌曲句句入心，完全唱出了她的心声。

1937年，才旦卓玛出生于西藏日喀则的农奴家庭，自幼便饱尝生活的艰辛，十来岁就要靠放牧牛羊谋生，根本没有念书的机会。西藏和平解放后，她的人生才有了翻天覆地的改变。1956年，才旦卓玛凭借唱歌天赋加入了文工团。第二年，才旦卓玛被选派到位于陕西咸阳的西藏公学（西藏民族大学的前身）学习。入校半年，上海音乐学院的民族班到西藏公学招生，才旦卓玛被选中，获得了到上海学习声乐的机遇。

进入上海音乐学院以后，才旦卓玛幸运地遇到了几位好老师。其中，王品素老师对她的栽培让她受益终身。王老师教学有方，见才旦卓玛练声时连传统的“咿、呀、噢”都唱不出来，就随机应变，让她用藏语练声。当才旦卓玛对着太阳、月亮用藏语呼喊它们时，感觉仿佛回到了草原。当发现才旦卓玛嗓音独特，在钢琴上竟然找不到其高音区时，王老师当即决定不让她走传统路数，尽量保留藏族民歌的演唱特点，又指导她通过科学方法把自然状态发挥到极致。王老师的因材施教，让才旦卓玛很好地保留了自己的嗓音特质，在此基础上练就优美圆润、清亮委婉、具有浓厚藏歌韵味的好音质。作为系里的党支部书记，王老师不仅教才旦卓玛声乐，还在政治思想上关心她。在王老师的帮助下，才旦卓玛成为一名光荣的共产党员。

1962年，才旦卓玛随中国青年代表团参加了世界青年联欢节的演出，获得大奖而归。之后才旦卓玛的演出活动逐渐增多，有了一定的名气。这时，王品素老师又不失时机地对她进行教育：“你现在参加演出有了名气，千万不要觉得自己了不起，不要骄傲自满。作为一名共产党员，要永远谦虚谨慎。你要好好学习，以后回西藏为家乡服务，为人民歌唱。”

因为过过旧西藏农奴的悲惨生活，经历了农奴翻身做主人、过上幸福生活的过程，当才旦卓玛听到《唱支山歌给党听》这首歌时，她抚今追昔，心潮澎湃。她觉得自己一定要唱这首歌，表达对党的感情。当她向王品素老师提出自己的想法时，王老师有些顾虑：“你是唱藏族民歌的，行吗？不要丢了自己的风格。”才旦卓玛急得快要落泪：“歌里唱的就是我的心声。我一定要唱！”看到才旦卓玛的坚持，王老师也被感动了，她费了不少周折找来曲谱，一字一句地给才旦卓玛抠汉语歌词，还请到了这首歌的曲作者朱践耳老师对才旦卓玛进行辅导。才旦卓玛演唱《唱支山歌给党听》这首歌时，有着发自内心的感动，因此情绪非常饱满，能够将听众带入情境，引发其共情和共鸣，朱老师被深深地打动了。在后来的“上海之春”音乐节上，才旦卓玛演唱了《唱支山歌给党听》，征服了在场的所有听众。随后，这首歌风靡大江南北，才旦卓玛的名字也开始家喻户晓。

1964年，才旦卓玛参演了大型音乐舞蹈史诗《东方红》，她以一个翻身农奴儿女的深情和高亢优美的歌声打动了全国人民的心。演出结束后，毛泽东主席接见演员代表，得知才旦卓玛就是唱《百万农奴站起来》的姑娘，握着她的手鼓励她要好好唱歌，为西藏人民多做贡献。才旦卓玛当时兴奋得说不出话来，眼泪也不停地流。

才旦卓玛

因为周恩来总理是《东方红》的总导演、总策划，在参与《东方红》排练的过程中，才旦卓玛多次见到周总理，并得到了周总理的亲切指导与关怀。1965年，才旦卓玛从上海音乐学院毕业，本来有留在北京的东方歌舞团的机会，但是周总理对她说，歌唱需要本民族土壤的营养，她要是不回去，那个酥油糌粑的味道就没有了。周总理还说，西藏培养一个像才旦卓玛这样的人才很不容易，西藏需要她，她也应该回去为西藏好好工作。才旦卓玛觉得周总理说得很有道理，就谢绝了东方歌舞团的邀请，回到了拉萨，进入西藏歌舞团工作。

才旦卓玛说："我常常想，自己不过是翻身农奴的女儿。党和国家领导人对我的关怀，实际上也倾注了对西藏人民深厚的感情，我要把藏族人民的心声用歌声唱出来。"她暗下决心，要为西藏、为人民歌唱一辈子。几十年间，她走遍了雪域高原上的大小村落，将歌声与欢笑带给了家乡的人民；她还到过30多个国家和地区，让嘹亮的歌声在五大洲回响。

1994年，才旦卓玛在澳门两家企业的帮助下，设立了以她的名字命名的艺术基金会。基金会成立后，举办了若干活动和比赛，其中有表彰个人的奖项，也有针对优秀作品的奖项。她希望，以此激励年轻的藏族文艺工作者保护、传承好本民族的艺术，为西藏和全国人民服务。

（张月霞　供稿）

①《才旦卓玛：唱给党的那支山歌是“抢”来的》，“人民艺术家杂志”微信公众号2018年7月13日。

②《访藏族歌唱家才旦卓玛：翻身农奴把歌唱》，中央电视台《面对面》栏目2008年4月14日。

③吴志菲：《才旦卓玛：真诚向党献心声》，中华儿女网2009年7月22日。

④黄维、韦衍行：《才旦卓玛：扎根西藏五十年　一生爱唱这支歌》，人民网2018年8月17日。

人在路上　路在心上

“到了唐古拉，死神把手拉，抬臂能摘云，伸手把天抓。”唐古拉山位于西藏自治区的东北部，东段为界山，是西藏和青海两省区的天然分界线，垭口海拔5 231米，唐古拉山平均海拔6 000米左右。那里空气中的含氧量仅为海平面的45%，一年中8级以上的大风天气长达120天，年平均气温低于零下10摄氏度，被称为“生命禁区”和“风雪仓库”。

1954年10月，慕生忠将军率领的筑路队伍开上了唐古拉山，在冰峰雪岭上修筑了一条“天路”。从那时起，便有一支养路队伍常年驻守在风雪交加的唐古拉山深处，负责青藏公路全程最高点——

巴恰（右三）与109道班工人在观看由时任交通部部长钱永昌书写的“天下第一道班”题字

海拔5 231米的唐古拉山山口两侧共40公里道路的养护工作，他们就是号称“天下第一道班”的109道班。从成立至今，这支队伍已经延续了三代，成员以藏族同胞为主。他们克服高寒缺氧、气候多变、远离城镇、生活条件简陋等困难，常年驻守在这条“一年只有一季，一天却有四季”的路段上，保障青藏大动脉的安全畅通，并为往来旅客提供帮助。正如一位骑行者给道班的留言：“能够站在海拔5 300米的地方就是强人，能几十年坚持工作在海拔5 300米的就是英雄。”109道班的老班长巴恰，便是这群英雄中的代表人物。有人说，他就像一座活着的雕像，生动地反映了道班工人的精神境界。

1944年，巴恰出生于西藏那曲安多县的牧民家庭。1962年，他成为一名道班工人。工作30多年，巴恰常年战斗在环境恶劣的唐古拉山山顶，为确保青藏公路的畅通鞠躬尽瘁、无私奉献。1989年，巴恰被提拔为安多养护段副段长，他说：“死也要死在唐古拉山上。”有人说，唐古拉山上有多少片雪花，巴恰就有多少个动人的故事。巴恰的故事总是和路连在一起，因为他的人一直在路上，而路一直在他心上。

在唐古拉山，暴雪是常客，也是109道班最强悍的敌人。1983年4月，一场暴雪来势汹汹地袭击了唐古拉山。很快，公路上的雪越积越厚，垭口的雪有几十米厚，40多辆车被围困在路上。巴恰带领道班20多位工人，顶着漫天风雪，扛着铁锹，外加一台推土机，去清除道路积雪。巴恰身先士卒，吃力地在风雪中奔跑，为推土机引路。为了方便和推土机手说话，他摘下了帽子，头部暴露在零下40多摄氏度的酷寒里。引导完推土机，他又拿起铁锹和大家一起铲雪。等所有的车全部脱困并顺利通过后，20多名道班工人全部变成了雪人。他们的手掌早已磨破，血肉模糊地和线手套冻在一起，手套都没法脱下来。

1985年，那曲等地遭受罕见的雪灾，牛羊大批死亡。巴恰将大家召集在一起，说：“我们面临着最严峻的考验。为了灾区人民，我们的任务只有一个，那就是一定要保障公路畅通。”每当公路上传来汽车的轰鸣声，他就和工人们踩着没膝的积雪赶到公路上，铲除积雪，引导车辆。在每天工作十几个小时的情况下，他们凭着钢铁一般的意志和“公路一定要通”的坚定信念一连坚持了半个月。为了确保救灾物资尽早送到受灾群众手中，一连几夜，巴恰都守在垭口，举着红旗为推土机和汽车引路，饿了，就用雪拌着糌粑吃几口。到后来巴恰的胳膊和手都是肿的，脱衣服时，手不听使唤，一直在颤抖。

在冰天雪地里行车，车祸时常发生。每当遇到这种情况，巴恰总是带领养路工人尽力救助。有一年冬天，一辆汽车翻入沟内，驾驶员身亡，副驾驶员严重受伤。巴恰闻讯赶到后，立即吩咐工人看护散落的物资，自己背起副驾驶员，步行了10多公里回到道班进行救助，直到伤员单位的车来接。

1981年的冬天，一辆大货车不慎滑下公路，巴恰立即组织工人前去拖车。因为路滑、坡陡，加上车身太重，拖车钩突然崩断，钢丝绳迅猛地弹在巴恰的额头和手臂上，让他摔了个跟头。伤口流出的血很快在白色的雪地上蔓延开来，触目惊心。巴恰咬紧牙关爬了起来，招呼大家重新拴上钢丝绳。工人流着泪劝巴恰回道班包扎，他却死活不肯走，直到养护段党支部书记央德把他拖上车。一上

2019年，在国道109线K3349路段，安多公路养护段工作人员进行除雪除冰作业（边巴央吉　摄）

车，巴恰就晕了过去。从那以后，他的额头上留下了一条长约两寸的伤疤。

因为高寒缺氧，很多进藏的人，尤其是第一次进藏的人，经常在唐古拉山病倒或晕倒。对于这些素不相识的路人，巴恰总会伸出温暖的手予以帮助。他给家里人立了一条规矩：有病人，房子必须让出来。为了给病人腾地方，他和家人曾经睡过推土机棚子，也曾在露天的火堆旁凑合着过夜。

医学上将海拔5 000米称为“障碍临界高度”，在海拔5 000米到7 000米之间，机体将不能完全代偿，人体的免疫力会越来越脆弱。常年生活在这里的人年轻时感觉不明显，但伤害却在慢慢累积；随着年龄的增长，就会患上各种疾病，以高血压、肺气肿、多血症、风湿性关节炎等最为常见。在109道班，好多工人都是带着一身病退休的，有的人甚至没有活到退休年龄。巴恰也是最后身体实在挺不住了才从高原下来。退休后，他一直被严重的头疼折磨，感觉太阳穴就像有一根小针在扎，一阵阵地刺痛；脑子里也有打鼓的声音，震得全身难受。

“一不怕苦、二不怕死，顽强拼搏、甘当路石，军民一家、民族团结。”109道班的墙壁上，镌刻着建设和养护川藏、青藏公路过程中形成的“两路精神”。以巴恰为代表的青藏高原公路养护者们就是凭着这种精神，日复一日、年复一年地在生命禁区艰苦劳作，维护着这座连接西藏与内地的“金桥”，在平凡的工作岗位上为西藏的经济发展与社会稳定，为藏汉民族团结做出了不平凡的贡献。

（张月霞　供稿）

①晓浩：《穿越第三极：川藏青藏公路通车五十周年纪实》，中国藏学出版社2004年版。

②胡达闻：《探访天下第一道班》，《经济日报》2017年8月27日。

③沈虹冰、张京品、田金文：《生命的赞歌——“天下第一道班”雪域之巅守护天路67载》，新华社2021年3月25日。

④中共西藏自治区党委党史研究室：《唐古拉山“金桥”养护人巴恰》，中国西藏新闻网2021年9月2日。

⑤李颖、邱瑞贤：《5231米，探访“天下第一道班”》，《广州日报》2009年8月18日。

高原生态研究的先行者

徐凤翔在北京交通大学做题为“我的西藏高原之梦”的报告

2019年3月27日，国务院新闻办公室发表了《伟大的跨越：西藏民主改革60年》白皮书，其中用了一整章的篇幅介绍了西藏生态文明建设成就。多年来，中央政府和西藏自治区政府始终把保护高原生态环境视为头等大事，持续推进有关工作。西藏生态环境保护力度不断加大，生态保护区面积不断扩大，生物多样性持续恢复，人居环境显著改善。在西藏的高原生态环境保护事业发展中，有一位女科学家值得我们铭记，她就是西藏高原生态科研教育和环境保护的先驱——徐凤翔教授。

1978年，已经48岁的南京林业大学副教授徐凤翔主动申请援藏，到尼洋河畔的西藏农牧学院任教。“雪域高原，魂牵梦绕，天降此任于我身……”她在申请援藏的请战书上，立下了为雪域高原奉献终生的誓言。两年援藏期满，她并没有选择回南京工作、与家人团聚，而是奔赴京城，向国家科委力陈开展西藏高原生态研究的意义，申请创建高原生态研究所。经过五年多的四处奔走呼吁，徐凤翔于1985年正式调入西藏，并在尼洋河畔的森林深处建起一座集办公、住宿、观测、育苗为一体的科研小楼，这就是中国高原生态研究的摇篮——西藏高原生态研究所。研究所的创建宗旨——“努力揭示西藏高原生态特色，合理开发西藏高原生态资源”被徐凤翔书于客厅墙上。因为这座科研小楼以木结构为主体，徐凤翔称之为“高原小木屋”，又自诩“木屋山人”。

在那个年代，国家并不富裕，科研经费也有限。在成立研究所的申请批下来后，徐凤翔连续三天“赖”在西藏自治区副主席拉巴平措的家门口，终于将其感动，特批了60万元经费。在徐凤翔的精打细算之下，科研小楼得以修建。为了节约经费，科研所分析实验室的建设也使用了免费劳动力——徐凤翔的爱人范自强利用假期赴藏，帮助设计建立。为了建立和维持研究所的运转，徐凤翔到处“化缘”，谋求经费，在西藏林业系统得了个“咕叽教授”的绰号。“咕叽”在藏语里是“求求”的意思。作为高原生态研究的拓荒人，徐凤翔的创业之路有多么艰难，由这个绰号可窥一斑。

如果说研究所是徐凤翔开展高原生态研究的大本营，那么野外考察则是她开展高原生态研究的重要战场。徐凤翔常说：“对我们来讲，野外考察就是用信念和意志来测量自然。仅靠卫星遥感看一个大体，了解一下植被颜色的深浅，分析得出的数据是不可靠的，也不能解决实际问题。120多万平方公里的西藏，生存着庞大的植物家族。那些老树新枝、小花小草，哪个是特有的，哪个是变种，它对高原生态趋势有什么影响，没有实地考察绝对不行。”

高原生态定位研究是研究所的一个工作重点，徐凤翔带领研究所的同事在所内设立了一个常年定位站；在农牧学院山坡设置了两个不同林分的逐日自记观测点；在色季拉山东西坡，按相应的海拔设置了7处定位点，进行季节性定位观测，观测项目包括林分的生长、生物量、树冠径流、林内小气候综合指标、地被物及土壤的物流、能流等。

定位观测工作很单调，春、夏、秋、冬四季，每季15天，每天往返一个坡面的三点之间。定位观测工作也艰险：夏季，研究所的工作人员眼睁睁地看着不远处的定位站被泥石流瞬间冲毁，他们侥幸逃过一劫。冬季，常常要踩着齐膝的积雪才能到达4 000米高的定位点，积雪一经踩踏会变成冰。有时候，他们不得不一步一跪地向坡上爬，而跪的一瞬间，裤腿和冰面就冻在一起，再想挪动时，必须先扯开裤腿，与冰面分离，方能前进。

更艰险的，是在那些未知的原始森林里进行考察。研究所的工作人员外出考察，出于安全考虑，通常是三人一组，再带一两只狗。有一次，因为人手紧缺，徐凤翔单枪匹马前往墨脱山谷。当时，去墨脱的公路还未修通，路上嗜血性蚊虫很多。在灌木丛中徒步半月，徐凤翔遭遇过误食蘑菇中毒、塌方滑坡，还有过一天先后被400多条蚂蟥附身的恐怖经历。途中她不幸身染恶性疟疾，高烧昏迷，靠着自备药品和不屈的意志活了过来。

研究所进行高原生态研究的主体是藏东南，但西藏高原的主体是广阔无垠的藏北高原。因此，徐凤翔认为，只有探访了藏北高原，才能对西藏高原的生态有一个全方位了解。1992年，她率领七人小分队沿冈底斯山和喜马拉雅山之间的雅鲁藏布江水系上溯，经马泉河、孔雀河、象泉河、狮泉河，西至距克什米尔60公里处；折向东，横贯羌塘大草原，至森林草原地带的类乌齐，达金沙江；而后返至当雄草原，南下经藏中河谷回到藏东南。此次藏北考察历时一个多月，绕了大藏北一圈，行程近1.4万公里。在一个夜晚，考察组的车队被狼群包围，紧急时刻，司机摇下车窗，拿枪瞄准狼群，徐凤翔立刻制止了他，同时下了三道指令——打开前后车灯、持续按喇叭、缓速前行。幸运的是，狼群最终后退了，徐凤翔和她的团队也得以平安前行。这本是一次危险经历，却让徐凤翔十分欣慰。因为羌塘一度被认为是生命禁地，发现狼群，就证明了她一贯的观点——羌塘是生命活跃区。

在西藏工作的18年间，徐凤翔野外考察行程达12万公里。通过实地考察，她获得了大量宝贵的第一手数据、标本和图像资料。她带领同事对西藏的主要生态类型，特别是森林类型的生物组合、结构和生长分布规律、资源价值、保护利用方法等，进行了系统的调查分析，创立了西藏森林生态学，并推动了林芝云杉林、巨柏林以及墨脱林区生态与珍稀物种等西藏多个自然保护区的建立。在徐凤翔及其他环保人士的敦促下设立的羌塘自然保护区，成为仅次于格陵兰国家公园的世界第二大自然保护区。

徐凤翔深知，高原生态建设和环保事业要发展，需后继有人。因此，她以研究所为平台，倾尽心力培养新人。她归纳总结的天、心、地、灵、俭、行“六字箴言”，被青年学者们视为“生态学要诀”：天——遵自然之规律；心——怀救赎之诚心；地——查大地之破损；灵——念

徐凤翔在国家动物博物馆做报告

生灵之艰辛；俭——俭家园之财力；行——行实效之措施。在徐凤翔的言传身教下，一批包括藏族弟子在内的青年学者茁壮成长，他们成为西藏绿色发展的推动者和高原生态文明忠诚的守护者。

“两座木屋，一世情缘”石碑

1995年，由于身体原因，在西藏工作了18年的徐凤翔离开了她眷恋的青藏高原。为了继续未竟的高原梦，她在北京西郊的灵山建立了造型和装饰都很像西藏小木屋的灵山生态研究所，一方面向雪域以外的人们介绍、展示高原的生态特色；另一方面从事青藏高原与华北平原的生态学比较研究，向社会进行环保科普宣传。研究所院内的80多亩园圃和温棚，引种成活了来自西藏和其他地方的近百种植物。灵山生态研究所自成立后，接待了不计其数的参观者，被誉为“独特的生态科教园地”“绿色的藏汉团结纽带”。徐凤翔和她的研究所因此获得了我国的环保大奖——“地球奖”。

“两座木屋，一世情缘。”徐凤翔曾这样概括自己50岁后的人生。耄耋之年的徐凤翔依然壮心不已，不但著书立说，还经常受邀去大学、中小学做关于生态保护的报告，肩负起让更多人了解西藏、让年轻人关注西藏生态保护的重任。正像她自己所说的，对于西藏，她是“一息尚存，不落征帆”。

（张月霞　供稿）

①《林业资源管理》编辑部：《“小木屋”的主人今何在？——记西藏高原生态研究所所长徐凤翔教授》，《林业资源管理》1992年第1期。

②方彦蘅：《高原梦未央　梦绿天涯路——记著名高原生态学家、我校1955届校友徐凤翔教授》，搜狐网2016年10月11日。

③《徐凤翔的生态之梦》，中央电视台《面对面》栏目2005年8月6日。

④赵永新、方草山：《徐凤翔：一息尚存　不落征帆》，《人民日报》2013年9月9日。

⑤陈蓓：《高原“森林女神”徐凤翔：太难说再见》，《中国日报》2015年8月29日。

⑥徐凤翔：《高原生态引领我攀登终生》，“科学家”微信公众号2016年1月23日。

始于爱情　终于责任

20世纪60年代末，北京师范大学的校园里，来自拉萨的藏族小伙次旺俊美和汉族姑娘张廷芳在学校毛泽东思想宣传队相遇了。一个多才多艺，吹拉弹唱无所不能；一个文才出众，妙笔生花。每当学校发布宣传任务，张廷芳总能迅速写出歌词，次旺俊美则总能很快为歌词配乐、编舞。渐渐地，两人的配合越来越默契，爱情也水到渠成地在这对年轻人心中生根发芽。

爱情很甜蜜，但次旺俊美的内心却是矛盾而纠结的。爱情之花绽放的时候，两人已临近毕业。他知道留在北京对自己和张廷芳来说是更好的选择，但西藏是他割舍不下的地方，需要他去建设。思量再三，他还是说出了自己的想法："我可能要回西藏，毕竟西藏还没有几个大学生。"让他意外的是，张廷芳竟然答应了和他一起回西藏。她说，无论有多大的困难，两个人在一起就可以克服。

其实，对于次旺俊美选择回家乡，张廷芳早有思想准备。跟不跟他回去，她不是没有犹豫过。西藏对她来说，是个"可怕的陌生地方"，很遥远，生活也很艰苦。亲朋好友都不赞成她去西藏，从自身角度来说，她也不想去，但她知道，对次旺俊美来说，回到西藏才能更好地发挥他的才华和优势，她愿意成全他。

1972年，张廷芳和次旺俊美一起踏上了进藏之路。他们从北京

1972年，张廷芳在进藏途中

出发，坐了50多个小时的火车到了西宁，然后改乘汽车，沿着青藏公路一路西行。随着海拔的升高，张廷芳第一次感受到什么是高原反应：晚上睡觉，她一躺下去就觉得心慌，像有只小猫在抓挠心脏，只好起来用手捂着心脏，蜷着腿坐一宿。到了唐古拉山口，她感到恶心难受，一口饭也吃不下去。看着爱人受折磨，次旺俊美又心疼又不安，他不知道她能不能坚持到拉萨。但张廷芳是个倔强的姑娘，她觉得自己既然选择了这条路，不管多难也要坚持走下去。

到了拉萨，张廷芳和次旺俊美被分配到了西藏师范学校。当时，学校里只有不到300名学生，几排覆盖着铁皮屋顶的土坯房就是教室、宿舍和教研室，而且没有通电。环境的艰苦对于张廷芳来说不算什么，让她产生挫败感的是教学上的困难。在学校，不懂藏语的张廷芳被分配到汉语教研组任教。上了一周课，学生们对教研组组长说："那个北京姑娘说话很好听，就像中央台的广播一样，可是我们一句话也听不懂。"组长边对张廷芳转述，边哈哈大笑，张廷芳却一点儿也笑不出来。

张廷芳向次旺俊美求助。他建议她用藏汉对照和画画的方法教学。在她的备课本上，他在汉字生词表下面逐个标注上藏文。再上课时，她连画图带比画，竟也能让学生听个大概。后来，按照这个思路，夫妻俩一同编了一套汉藏文对照的《汉语文》教材，很受师生喜欢，还流传到了拉萨以外的地区。

工作上的困难解决之后，张廷芳又面临新的困难——她怀孕了。一直生活在内地的女性在高寒缺氧的拉萨怀孕生子，本就有一定危险性，加上营养不良、工作劳累，一天，她竟然晕倒在课堂上。次旺俊美又内疚又心疼，为了安全起见，在临产前，他决定让张廷芳回内地生产。

由于丈夫脱不开身，张廷芳只好独自挺着大肚子回到北京。产后不久，她狠狠心把孩子丢给父母，又回了拉萨。第二个孩子是在西藏生的，生产时很不顺利，产后母子身体都很虚弱。此时，在内地的大儿子得了败血症，医生下了病危通知书，张廷芳却没有办法离开。好在，大儿子挺过了危险期。小儿子5个月时，张廷芳不忍心父母过于劳累，决定把大儿子带回西藏抚养。再见面时，儿子认不得这个亲妈，听到有人喊她“姐姐”，竟也跟着喊“姐姐”。

1983年，中央决定以西藏师范学校为基础，筹建西藏大学，次旺俊美被任命为筹备组副组长兼办公室主任。学校创建初期，次旺俊美忙得团团转。在一个学校上班的夫妻俩白天居然见不到面，只能相互留条子：“我有事不要等我。”“饭给你放锅里了，中午热了吃。”……1985年7月，西藏大学正式成立，这是西藏历史上第一所综合性大学，西藏的高等教育翻开崭新一页。次旺俊美被任命为首任校长，张廷芳担任语文系副主任。

1992年，次旺俊美被调到位于陕西咸阳的西藏民族学院担任院长，张廷芳舍不得和爱人分开，但没有同去，她要留在拉萨，帮他照顾70岁的老母亲。另外，她也舍不得她和爱人奋斗了大半生的西藏。正如她自己所说，开始的时候，她进藏主要是因为爱情，但来这里之后，对西藏就有了一份责任，觉得必须好好工作，发挥自己的最大作用，把这里建设好。

夫妻俩两地分居的生活持续了六年。1998年，次旺俊美调回西藏，担任西藏社科院院长，张廷芳被任命为西藏大学副校长。2006年，夫妻二人同时退休。本来，他们有很多计划，去看草原，去看大海，还期待青藏铁路开通之后，一起重走一遍当年的进藏路。种种愿望还没有来得及实现，国家启动了西藏梵文贝叶经保护和研究工作，次旺俊美被任命为西藏自治区贝叶经保护工作领导小组办公室主任。于是，他又一头扎进工作，一忙就是将近7年。2013年

2020年，张廷芳在布达拉宫

秋，贝叶经保护工作告一段落，次旺俊美和张廷芳松了口气，终于有了属于两个人的时间。

然而，命运残酷——2014年初，次旺俊美被确诊为癌症晚期，不到8个月，他就离开了人世。两个人一起重走进藏路的愿望再也无法实现了。

2020年9月，受央视《国家宝藏》节目组之邀，74岁的张廷芳重走当年的进藏路。“晓看天色暮看云，行也思君，坐也思君。”车窗外，风景依旧，那个最爱的人已经不在身边，但是永远在她心间。

回顾往事，张廷芳说：“我当初做了非常正确的决定，选择了次旺，选择了西藏。我的爱人陪伴我成长，西藏成全了我的人生。”

很多人称张廷芳为“当代的文成公主”，因为她延续了文成公主的传奇，为西藏的发展和民族团结倾注了毕生心血，做出了突出贡献，她的生命已经深深融入这片雪域高原。

（张月霞　供稿）

①《“我当初做了非常正确的决定”——北京姑娘张廷芳为爱进藏》，中央电视台《面对面》栏目2021年1月11日。
②刘江伟、田媛、李伯玺：《他们的岁月，就像他们的爱情故事》，《中国青年报》2021年8月5日。
③刘浚：《世界屋脊汉藏伉俪张廷芳、次旺俊美夫妇特写稿》，中国日报网2009年4月29日。

援藏并不一定身在西藏

2016年，武汉大学退休教授杨昌林在他80岁生日来临之际，收到了一份与众不同的礼物：一幅老寿星的半身素描像，以雪山、雄鹰和破土萌芽的小草为背景；一本封面写着“阿爸，愿您幸福健康长寿”、落款是“武汉全体藏族学生”的册子，册子内页是孩子们用各种图片、留言、诗歌表达的对杨昌林的敬意与祝福。“杨阿爸，您辛苦了”七个大字里，填充着一个个藏族学生的名字、一张张照片，定格了杨昌林和孩子们相聚的时光。

看得出，这是一份极为用心的礼物，凝聚着孩子们对杨昌林沉甸甸的爱与最真挚的感恩和祝福。在这份深情厚谊背后，是杨昌林几十年如一日对在武汉求学的藏族学生们无私的关爱与付出。

1965年，毕业于武汉体育学院的杨昌林抱着支援边疆、扎根边疆的决心主动申请到西藏工作。在条件艰苦的阿里高原，他与藏族同胞同吃、同住、同劳动，建立了真挚、深厚的情谊。几年之后，他与藏族姑娘次仁德吉结婚，更加坚定了扎根西藏的决心。但因为长时间在高寒缺氧的环境中高强度地工作，杨昌林患上了高原性心脏病，不得不在进藏13年后离开这片他深爱的土地，和妻子一起调入武汉大学工作。未能实现“扎根西藏，干一辈子”的誓言，杨昌林深感遗憾，没想到命运却以另外一种形式让他的援藏事业得以延续。

杨昌林（中）与藏族学生在“武汉之家”

离开阿里前，杨昌林受地区财政局之托在武汉物色一所学校为阿里培养财会人员。回到武汉后，杨昌林很快联系了当时的湖北金融高等专科学校，为15名西藏学生开设培训班。从雪域高原来到湿热的武汉，孩子们因为水土不服身上长满了湿疹，又疼又痒。杨昌林夫妇听说后，心疼不已，到处寻医问药，终于帮孩子们调理好了身体。这次救急，让夫妇二人体味到远离家乡和亲人、在外求学的藏族孩子们的不易，做出了为他们建一个“武汉之家”的决定。

杨昌林夫妇的家向所有在武汉求学的藏族学生敞开大门，成为他们温暖的港湾。杨昌林说：“我的家就是你们的家。”

来自西藏日喀则的达娃扎西到武汉上大学的第二天，就被学长带到杨昌林家吃饭。进了门，他惊喜地发现，杨老师家的墙上挂的是布达拉宫挂毯，两侧还有藏语祝福；茶几上摆的是牦牛肉、奶渣等藏族风味的零食。学生们分好工之后，就和杨老师一起有说有笑地做饭，完全没有做客的拘谨感。达娃扎西被眼前的气氛感染，不由自主地拿起一块牛肉干吃起来，有同学开玩笑，说他不知道客气。这时杨老师端上一壶酥油茶，用藏语笑呵呵地说：“吃吧，吃吧，这就是你们的家。”此后，达娃扎西成了杨老师家的常客，经常去蹭饭，也不用提前打招呼。吃完饭，就像在家里一样帮忙刷锅洗碗，收拾完再与杨老师聊会儿天才回宿舍。

“武汉之家”随时向藏族学生敞开大门。逢年过节，杨昌林夫妇总要请大家吃“团圆饭”。每年新生入学，有“迎新饭”；毕业时，还有“欢送饭”。开始，只是请孩子们到家里吃饭；后来，在武汉求学的藏族学生越来越多，家里实在坐不下了，杨昌林夫妇就带孩子们去餐馆吃饭。

2005年，杨昌林的妻子德吉因病去世。她弥留之际拉着老伴的手说：“我走了，‘家’不能散。”其实，这不仅仅是妻子的殷殷嘱托，也是杨昌林心中的信念。

2008年初，中国南方遭受了严重的冰雪灾害，回湘西花垣县老家看望姐姐的杨昌林担心孩子们因为交通大面积瘫痪放假回不了家，急急忙忙往武汉赶。县里长途客车停运，他就高价租车，连夜赶到吉首，挤上到怀化的火车，在怀化火车站冻了一天一夜才搭上火车回到武汉。两天两夜的旅途劳顿之后，72岁的杨昌林只休息了6个小时，天一亮就赶去10多里外的蔬菜批发市场购买肉和菜。那时候，老人每月的退休金仅有2 600多元，批发市场的排骨每公斤比家附近超市便宜3元多，蔬菜也新鲜。买完菜，老人舍不得打车，乘坐公交车回来，下了车还要步行一段路才能到家。扛着40多公斤的肉和菜，老人在冰雪路上走走歇歇，到家时内衣已全部湿透，外衣则被雪水、泥水浸湿。从藏历年三十到初七，老人整整忙了8天，将滞留在武汉的藏族学生分批接到家里过年。

藏族孩子说，杨昌林夫妇不是亲人却胜似亲人，给他们家人一样的关爱和支持。

在武汉司法学校学习的尼玛次仁，因为肺部大出血住院，医院下了病危通知书。杨昌林夫妇每天在家做好有营养的饭菜送到医院，给他调理身体，还无微不至地照顾他，帮他擦洗身子、喂饭，陪他聊天，鼓励他积极治疗。最后，尼玛次仁奇迹般地痊愈，他赞叹杨昌林夫妇："他们不是父母胜似父母，对藏族同胞情深似海。"

杨昌林夫妇对藏族学生的关心和帮助是全方位的，除了生活层面的照顾，他们更在乎的是怎样才能帮助藏族学生成才，因为他们知道西藏的建设和发展需要大批专业人才。受高原气候影响，援藏干部无法长驻。西藏的发展和安定，更需要本地"永久牌"的专门人才。

杨昌林曾经专门撰写《关于高校为西藏培养专门人才的几点建议》，报送湖北省教育厅和民委，建议各高校因材施教，想方设法帮助藏族孩子们学习成长。他也很注重将对学生的教育潜移默化地贯穿在各种活动中，根据藏族学生的心理特点、兴趣爱好和特长，在国庆节、藏历新年等节日，引导、帮助他们开展有意义的文体活动，在活动中渗透爱党、爱国、民族团结等内容，不但提高了他们的思想境界，还锻炼了他们的组织、社交能力。如武汉高校藏族学生国庆联欢活动举办多年，已经成为藏族学生联谊的一个品牌活动，甚至还吸引了外地的西藏学生参加。

杨昌林的笔记本上，密密麻麻地写着藏族学生的联系方式以及一些提醒事项。不少藏族学生在人生道路上，因为得到了杨昌林夫妇的帮助和指点而受益。

考进华中师范大学英语系的藏族学生南木珍，高中时才接触英语，学起专业课来很吃力，想转到中文系。当时学校没有学生转系的先例，在杨昌林夫妇多方奔走下，南木珍如愿转了系。南木珍毕业后求职，杨昌林夫妇又帮她找学习资料，助她顺利考入中国人民银行阿里支行。

同样在华中师范大学就读的藏族学生巴桑曲珍，英语学得很好，但因为不是英语专业学生，想参加英语专业八级考试却没有资格。杨昌林为她积极争取，找到教育部，经民族教育司协调，巴桑曲珍获得了考试资格。巴桑曲珍也很争气，顺利通过了考试。

达娃扎西在杨昌林夫妇的鼓励和帮助下，不但在大二就入了党，成为班上第一批入党的学生，还读了武汉城市学院的研究生。杨昌林夫妇对藏族学生的无私帮助深深影响了达娃扎西，达娃扎西以他们为榜样，承担起照顾藏族学生的责任。研究生毕业后，达娃扎西本来分到了拉萨市城乡规划局，他却主动申请到当时城市规划还是一片空白的堆龙德庆区工作。他说："做出这一决定，是杨老师潜移默化影响的结果。"

几十年来，得到杨昌林和次仁德吉帮助、从武汉高校毕业回西藏工作的藏族学生，绝大部分成为各行各业的业务骨干，是西藏繁荣发展的一支重要力量。

杨昌林和藏族孩子们在一起

杨昌林夫妇无私奉献的精神也感染了越来越多的人伸出温暖的手，为民族团结奉献力量。从西藏调回人民银行武汉分行工作的陈琳也加入杨昌林关爱藏族学生的行列；武汉大学图书馆退休老师熊克芳十几年来一直义务为学生活动拍摄照片；武汉体育学院教授张厚福为武汉高校藏族学生迎新锅庄舞比赛提供场地；中南民族大学西藏学子成立了公益组织“德吉连梦团”，利用假期帮助孤寡老人等困难群体……

受杨昌林夫妇影响最深的是他们的一双儿女：儿子杨红兵1992年进藏，在阿里地区工作，之后便一直留在阿里；女儿杨红梅援藏七年后回到武汉，从父母手中接过了接力棒，继续经营打理“武汉之家”，成为深受藏族学生信任、依赖和喜爱的“杨大姐”。

2011年，武汉大学授予杨昌林“民族团结进步模范教师”荣誉称号，在校内掀起学习杨昌林先进事迹的热潮。时任武汉大学党委书记李健这样称赞杨昌林：“杨昌林是致力于民族团结、关心下一代、老有所为的先进典型。他钟情于民族团结、钟情于祖国统一，一不图名，二不图利，用自己特殊的方式，谱写了一曲民族团结的新华章。他用实际行动告诉人们，援藏并不一定身在西藏，在任何一个地方、任何一个岗位上都能进行。”

（张月霞　供稿）

①陈红艳、雷宇：《藏族学生的“武汉之家”》，《中国青年报》2017年2月13日。

②胡雪璇：《女儿接过父母接力棒，藏族学生的“武汉之家”温馨传承，杨昌林一家获评全国文明家庭》，长江网2020年11月21日。

③韩晓玲：《他为藏族学子搭起“武汉之家”——记武汉大学退休教师杨昌林》，《湖北日报》2017年2月22日。

④杨希伟：《75岁教授帮助高校藏族学生近万人次》，新华网2011年3月14日。

七尺男儿能舍己　一腔热血洒高原

1993年新年刚过，西藏军区总医院来了一位要求献血的中年人。他双鬓斑白，面色黯淡。本着对献血者健康负责的态度，护士提醒道："您年纪大了，身体还不好，最好不要献血。"中年人却有点着急，恳求道："我家里孩子多，负担重，急需要钱。"护士只得同意他的要求。

大概谁也想不到，这位经济困窘到需要献血来换钱的中年人，竟是刚刚由拉萨市副市长调任阿里地委书记的孔繁森！更让人想不到的是，孔繁森一个人在西藏工作，妻子和三个未成年的孩子都在山东聊城，还有老母需要赡养，但来西藏工作数年，他基本上没给家里寄过钱！而且，他对自己也极为吝啬，吃穿都俭省到抠门的程度：穿衣朴素几近寒酸，内衣补了又补，快成了百衲衣；舍不得吃炒菜，常常是开水泡馒头、榨菜就白饭凑合一顿。调到阿里工作后，他为了省钱，每次因公出差到拉萨，业余时间都去逛街淘一些便宜的日用品回去。

一个寒风呼啸的冬日，时任拉萨市副市长孔繁森一大早就来到堆龙德庆区桑达乡敬老院进行视察。当看到琼宗老人双脚被冻得又红又肿时，他心疼地把老人的脚抱在自己的怀里。次日，他托人给琼宗送去了一双崭新的棉鞋。没过多久，为了丰富老人们的精神生活，他自掏腰包买了一台收音机送给敬老院。

还有一次，孔繁森到拉萨市林周县阿朗乡的一个敬老院看望老人。当他看到一位藏族老阿爸的脚因烫伤溃烂发炎，便打开随身携带的药箱，亲自给老人处理伤口；见老人衣着破旧，孔繁森又把风衣脱下来给老人穿上。临别之际，他还把身上带的30多块钱全部塞给了老人。

1992年，拉萨市墨竹工卡等地发生地震，时任拉萨市副市长孔繁森赶往灾区指挥救援，从受灾最严重的羊日岗乡带回了3名地震孤儿——12岁的曲泥、7岁的曲印和5岁的贡桑。最初，他计划让当地有关部门安置这几个孩子，但终归放心不下，最后决定把他们带回家抚养。为了保证几个孩子健康快乐地成长，工作了一天已经疲惫不堪的孔繁森下班回到家中，还要给他们做饭、辅导功课。节假日，孔繁森则尽可能抽空陪孩子们逛商场、公园，让他们和正常家庭的孩子一样感受家的温暖。

孔繁森经常接济有困难的群众，手头本就拮据，再抚养几个孤儿，经济上更加捉襟见肘，往往一个月刚过半，工资就花光了。无奈之下，他只得到医院献血换取营养费。据医院开具的献血证明，仅1993年一年，孔繁森就先后献血三次，共900毫升。

孔繁森和藏族孤儿

“一个人爱的最高境界是爱别人，一个共产党员爱的最高境界是爱人民。”这是孔繁森最喜欢的一句名言。终其一生，他都在真诚地践行着这一名言。

孔繁森曾经先后两次进藏。

1979年，孔繁森第一次进藏。从踏上雪域高原那天起，他就立志：“我要把自己的一切献给祖国这块神圣的土地，献给勤劳、勇敢的藏族人民。”孔繁森报到后，当地党委考虑到他年轻能干，想改派他到海拔4 700多米的岗巴县任县委副书记。孔繁森欣然接受，他说：“我年纪轻，没问题，大不了多喘几口粗气！”

在岗巴县任职三年，为了在牧区推广家庭联产承包责任制，带领群众脱贫致富，孔繁森跑遍了全县几乎所有的乡村、牧区，与当地牧民倾心交流，与他们一起收割、打场、挖泥塘、修建水利设施，与藏族同胞结下了深厚的友谊。有一次骑马下乡，因道路崎岖，孔繁森一不小心摔下马背，昏迷不醒。藏族老百姓抬着他走了几十里山路，把他送到医院，又围在病床前守护。三年里，他深切感受到藏族同胞迫切摆脱贫困的愿望。回山东时，他曾表示，自己这条命是藏族老百姓捡回来的，如果有机会，还愿意回到这片土地，和当地的老百姓一起奋斗。

1988年，山东省在选派援藏干部时，准备让孔繁森带队。此时，他本有很多后顾之忧：母亲年近九旬，生活已经不能自理；三个孩子都未成年，需要人照顾；妻子则常年体弱多病。就连他自己，身体状况也并不是很好。但当组织上问他进藏是否有困难时，他却回答：“我是党的干部，服从组织安排。”

出发时，看着默默流泪的妻子，孔繁森十分内疚：“我欠你的太多太多了！等从西藏回来，我一定会加倍地补偿。”看着年迈多病的母亲，孔繁森想到也许今日一别便是永别，心里十分难受，情不自禁地跪下，给母亲磕了一个头，说："自古忠孝难两全。娘，您要多保重！"怀着对家人的不舍和内疚，孔繁森第二次踏上了西藏的土地。赴藏前，他请人写下"是七尺男儿生能舍己，作千秋鬼雄死不还乡"的条幅。进藏后，他又发出了"青山处处埋忠骨，一腔热血洒高原"的豪迈誓言。他公而忘私，舍小家顾大家，将对亲人的爱转化成博大无私的爱献给了西藏人民。

孔繁森第二次进藏后任拉萨市副市长，分管文教、卫生和民政工作。为了发展拉萨市的教育事业，他跑遍了全市8个县区的所有公办学校和一半以上的乡办、村办小学。在他和全市教育工作者的共同努力下，拉萨适龄儿童的入学率从45%提高到80%。他还走访了全市48所敬老院和社会福利院，为老人和儿童排忧解难，送去党和政府的关爱和温暖。为解决尼木县续迈等三个乡群众大骨节病多发的问题，他几次爬到海拔近5 000米的水源处采集水样；得知农牧区缺医少药，每次下乡前，他都自费采购很多常用药品，放进随身携带的医疗箱，利用工作间隙为农牧民听诊、治病。

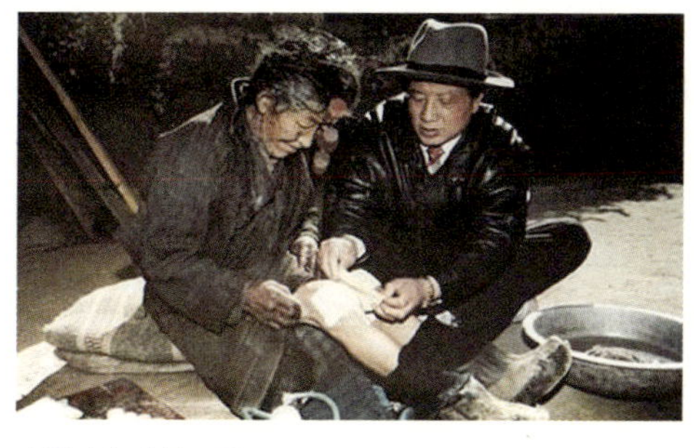

孔繁森与藏族同胞

1992年底，孔繁森第二次援藏工作期满，西藏自治区党委却决定任命他为阿里地委书记。有同志劝他说，作为一名山东的干部，已经进藏两次，该吃的苦都吃了，凭他的政绩和能力，回去一定有很好的发展，没有必要继续留在西藏。孔繁森严肃地反驳："怎么能说我是山东的干部呢？我们共产党员无论在哪里工作都是党的干部。越是边远贫穷的地方，越需要我们为之拼搏、奋斗、付出，否则就有愧于党，有愧于群众。"

带着改变阿里贫穷落后面貌的责任感和使命感，孔繁森离开拉萨，奔赴阿里。没想到一到阿里，等待他的竟然是40多封请求调离的报告。孔繁森认为，干部们申请调离，主要是对阿里的前途缺乏信心。要留住人才，关键在于找到阿里发展的突破口。他决定用发展这个硬道理来凝聚人心，调动干部们的积极性，为他们提供施展才干的舞台，从而把阿里的经济和其他各项事业搞上去。

1993年4月25日，孔繁森主持召开阿里地委、行署联席会议。他给大家布置的第一项工作就是：解放思想，转变观念，在原有基础上进一步寻找阿里发展的优势，从困难中寻找光明的前途。赴任前，孔繁森便已跑遍西藏自治区各相关部门，查询阿里地区的自然概况和历年经济统计数字。这一次，他逐县、逐区、逐乡进行实地考察，不到两年的时间里，考察了全地区106个乡中的98个，行程8万多公里。经过广泛深入的调研，一条发展阿里经济的思路在他头脑中清晰呈现。在地委、行署联席会议上，孔繁森列举了阿里发展的几大优势——畜产品优势、矿产品优势、旅游优势、边贸优势、政策优势。他说："带领群众致富，是我们的天职。每一个党员干部，都应当与人民同甘苦、共命运。这样，我们党才有威信，国家才有希望。阿里虽说偏僻落后，但发展潜力也很大。关键是要带领群众真抓实干。我有信心和全地区人民同舟共济、艰苦创业，共同建设一个文明、富裕的新阿里。”

1994年初，正当孔繁森踌躇满志，准备带领阿里人民为实现美好未来而奋斗时，一场罕见的特大暴风雪席卷了阿里高原，大片草场、农田被埋，成群的牛羊被冻死，大量房屋倒塌，百姓急需救援。在孔繁森的带领下，阿里地委、行署迅速组织了10多个工作组分赴各灾区，组织救灾，恢复生产，重建家园。孔繁森第一时间赶赴受灾最严重的革吉县亚热区曲仓乡。下属劝他：“情况也摸清了，受灾情况也录像了，回去向自治区汇报就行了。您身体这么差，那些救灾粮款让其他人送去就行了。”孔繁森却说：“这么大的雪灾，我们不去，群众就会认为党和政府不管他们了！救灾物资到和人到是不一样的！就算有一个人在那里，我也要去看他，让他知道，党和政府在关心着他，在和他一起跟自然灾害做斗争，让他感受到幸福，感受到社会主义大家庭的温暖。”在曲仓乡，他顶风冒雪，走村串户，体察民情，安排救灾工作，慰问受灾群众，还随身携带药箱给被冻伤的牧民看病，每天都忙到深夜。

高反加上持续不断的超负荷工作，使孔繁森本来就带病的身体更加虚弱。一天凌晨，他感到心跳加快、胸闷气短、天旋地转，仿佛死神正向自己逼近，想起远在家乡的老母亲和妻子、儿女，泪水挂满了脸颊。他强支起虚弱的身体，打开手电筒，在笔记本上向同行的小梁交代后事：“小梁，不知为什么我头痛得怎么也睡不着。人有旦夕祸福。万一我发生了不幸，千万不能让我母亲和家属、孩子知道。请你每月以我的名义给我家写一封平安信。我在哪里发生不幸，就把我埋在哪里……”好在这一次，孔繁森挺了过来。第二天，他又像什么也没有发生过一样忙碌起来。

经过两个多月的奋斗，阿里人民扛过了雪灾，全地区没有一个人因冻饿而死。但雪灾毕竟给阿里造成了巨大经济损失，孔繁森意识到，光靠救济不能从根本上消除自然灾害的威胁，必须建立抗灾防灾基地。1994年7月，孔繁森借到北京参加第三次西藏工作会议的机会，奔走呼吁，为阿里争取到了一大笔救灾款项和项目资金。

在孔繁森等地委、行署领导班子成员带领下，阿里地区的经济飞速增长。1994年，全区国民生产总值超过1.8亿元，比1993年增长37.5%；国民收入超过1.1亿元，比上年增长6.87%。阿里蒸蒸日上，一个文明、富足的阿里指日可待！

然而，孔繁森书记却再也看不到这一天了。1994年11月29日，为了让阿里的经济跨上新台阶，他带领有关部门的同志到新疆塔城考察边贸，途中因车祸不幸殉职，年仅50岁。

孔繁森永远地离开了他热爱的这片土地和人民，留下的两件遗物，让见者无不动容：一是他全部的钱款8.6元；一是他去世前四天写下的发展阿里经济的12条建议。这些建议既包括了建设机场、国道、电站等改善阿里能源交通“瓶颈”的对策，也涵盖了财政、民生、教育等群众关切的问题。

“一尘不染，两袖清风，视名利安危淡似狮泉河水；二离桑梓，独恋雪域，置民族团结重如冈底斯山。”悼念现场的一副挽联，概括了孔繁森扎根边疆、勤政爱民、克己奉公、大爱无疆的高尚品质和无私精神，诉说着世人对这位伟大共产党员的无限敬意和哀思。

1995年4月7日，《人民日报》发表《向孔繁森同志学习》的社论。中共中央组织部印发文件，做出追授孔繁森“模范共产党员”“优秀领导干部”称号的决定。孔繁森的事迹在全国巡回展出，历时近两年，观众近千万。全国掀起了向孔繁森同志学习的热潮，孔繁森的英名连同他的事迹、他的精神传遍中华大地，在人民心中树立起一座精神丰碑，成为新时期党员领导干部的楷模。

循着孔繁森的足迹，一批批各族援藏干部走进雪域高原，与西藏人民紧密团结、共同奋斗，加强民族团结，建设美丽西藏。现代工业体系、综合交通运输体系、水利水电工程、新型农牧业等一大批国家工程及援藏项目有力地推动了西藏的高质量发展。如今的阿里，孔繁森的遗愿也一一实现：进出阿里生命线的219国道贯通；昆莎机场建成通航，结束了阿里单一的公路交通运输历史；狮泉河水电站和一批太阳能光伏电站投产，改善了阿里的能源条件；农牧民群众住进了宽敞明亮的新居，电器成为家家户户的标配……放眼未来，在建设社会主义现代化新西藏的征程上，孔繁森精神将永远流传，作为一面旗帜，激励广大党员干部矢志不渝地为人民群众的幸福生活奋斗终生。

（张月霞　供稿）

①林威、汤阳：《孔繁森：“一个共产党员爱的最高境界是爱人民”》，新华网2016年7月2日。

②尕玛多吉：《孔繁森》，《光明日报》2009年11月2日。

③梁伟：《孔繁森：九十年代的焦裕禄》，中华儿女新闻网2009年11月16日。

④朱幼棣、何平、陈雁、陈维伟：《领导干部的楷模——孔繁森》，《人民日报》1995年4月7日。

⑤王兆锋：《孔繁森同志纪念馆成为全国廉政教育基地》，《大众日报》2011年3月24日。

⑥刘培勇：《鞠躬尽瘁 献身雪域》，马卫东、白玛仁增主编：《汉藏一家人》，西藏人民出版社2021年版。

西藏是我的精神家园

韩书力

2013年金秋，中国文联、全国政协书画室、西藏自治区党委宣传部、中国美协等单位联合主办的“韩书力进藏40年绘画展”在中国美术馆举办。画展共展出画家韩书力进藏工作40年间所创作的作品90余幅，其中有20世纪70年代创作的中国画《毛主席派人来》和变体布面水墨画《高原祥云——和平解放西藏》，有20世纪80年代获全国美展金奖的连环画《邦锦美朵》（选页），有20世纪90年代末的黑地藏纸、宣纸水墨系列作品，还有几十年间不曾间断的织锦贴绘作品。韩书力的作品充溢着有哲理的思辨和对现实生活的深入体悟，审美表现独具个性特征。韩书力说，作品的创作均得益于藏族同胞对他的接纳与认同，以及藏文化对他的濡染与滋养。从这个意义上讲，该画展既是他向首都人民，也是向西藏同胞的一次创作成果汇报。

1973年，在北大荒插队的韩书力回母校中央美院附中看望老师，恰逢西藏自治区革命展览馆到学校借调画家，韩书力的人生就此与西藏结缘。1980年，韩书力考回中央美院读研究生，毕业后留校任教。当时西藏文联刚刚成立，急需美术人才，韩书力便又回到西藏工作。20世纪80年代末，韩书力去巴黎办展，作品很受欢迎，他本来也有机会留在法国，但思虑再三还是回到了西藏。此后，他便一直在西藏美术领域耕耘，再也没有离开西藏文联大院。谈及自己的人生选择，韩书力说："别人都以为我在西藏待了这么多年，是西藏需要我，每次我都会郑重其事地解释——不是西藏需要我，是我离不开西藏这片净土。离开了西藏，我自己会枯竭，我的艺术源泉也会枯竭。北京是我的故乡，但西藏却是我的精神家园。"

在西藏的几十年间，韩书力将深入农牧区考察民情风俗和传统文化遗存作为坚定不移的创作途径。在与藏族群众同吃同住同劳动的过程中，他对藏文化有了更深刻的理解与吸收，在创作中一直致力于中华文化的多元素融合，并创造出布面重彩以及黑地藏纸、宣纸水墨等新型艺术样式，拓宽了当代中国画的精神内涵和表现形式，也推动了西藏当代美术的发展。

1978年，韩书力（左）在西藏色拉寺

韩书力创造的布面重彩绘画整合了藏传壁画、唐卡与汉传工笔重彩等多种艺术元素，也借鉴了西方写实绘画和现代绘画的元素，成为中国西藏本土现代绘画的一种新样式。黑地藏

国家重大历史题材美术创作工程作品《高原祥云——和平解放西藏》

纸、宣纸水墨有点像传统的白地墨描法的反转片，但造型更具有雕塑感，黑白灰分明。其创作灵感来自西藏密宗寺庙中护法神殿的壁画，以及藏族百姓家中在被烟熏黑的灶壁上涂绘的黑包白、白包黑的糌粑画。韩书力还将从西藏古玩市场购买的元、明、清时期中央政府赏赐给西藏地方官员贵胄的织锦、绣片与自己手绘的图像拼贴在一起，创作了一系列织锦贴绘作品；用藏纸、宣纸在西藏各地民间雕刻的玛尼石刻上拓印，用水墨点染加工构成新的画面，创作出一系列玛尼石拓印作品。这些作品以鲜明的地域特色、雅俗共赏的风貌获得了国内外广泛好评。1984年，韩书力根据西藏民间传说创作的《邦锦美朵》获得了第六届全国美展金奖；1992年，布面重彩画《佛印》获首届加拿大国际水墨大赛金枫叶奖；2009年，变体布面水墨画《高原祥云——和平解放西藏》入选由中宣部、文化部、财政部共同主办的国家重大历史题材美术创作工程；2013年，水墨作品《高瞻图》获得2013年法国卢浮宫国际美展银质奖。

除了个人创作，担任过西藏美协主席、西藏文联主席、西藏美术学院院长等职务的韩书力在培养西藏本土青年画家、推动西藏文化的传承与传播方面也做出了很大贡献。几十年间，韩书力先后培养了巴玛扎西、阿旺扎巴、边巴、次旦久美等一批藏族画家，并带领藏族画家群体成就了当代西藏的绘画样式，形成了“西藏画派”。韩书力还利用自己的人脉与推广渠道对西藏绘画艺术进行大力宣传，带领西藏画家在国内外举办了“魅力西藏——首届北京品众西藏油画展”和“烈日西藏”“大美西藏”等一系列西藏当代艺术展。嘎德、巴玛扎西等年轻藏族画家逐渐为国内外所熟知，西藏的绘画艺术也慢慢被国内外所关注。2009年在新加坡举办的一次画展让韩书力印象深刻：“当时大使馆方面表示，这些年轻藏族画家的作品陈列在世界上任何一个展览馆里都不会逊色。他们为西藏争了光，也为中国争了光。”

唐卡是西藏传统绘画艺术的代表，韩书力也非常关注唐卡艺术的传承与发展。2012年，西藏自治区启动了“西藏和平解放60年重大题材百幅唐卡工程”，作为这一工程专家委员会主任的韩书力带领藏族画家坚守“唯唐、唯新、唯美”的标准，探索如何用唐卡这种古老的艺术形式表现新的主题。画家们在创作过程中得到了磨炼和成长，取得了丰硕的艺术成果。在担任全国政协委员期间，他多次通过提案呼吁成立中国西藏唐卡艺术中心，一来可以维护唐卡画家、民间画家的基本权益，二来可以通过这个平台将当代的唐卡艺术成果很好地对外宣传。

韩书力共担任过三届全国政协委员。他在任期间，累计提出了

30多件独立提案，除了聚焦唐卡艺术的保护与传承，他还多次呼吁成立西藏美术馆。他认为，西藏和平解放以来，在党和政府的关怀下，西藏当代美术有队伍、有成就、有较大的社会影响，但由于没有展示与研究机构陷于缺少积累的尴尬境地，亟须建立一个对外展示西藏艺术作品的平台。他建议西藏美术馆应扬长避短，建设成一个融收藏、展示、研究喜马拉雅造型艺术于一体的独特性、学术性与权威性并重的美术重镇。

让韩书力印象最深的，当数《在加德满都国际图书市场没有我们的声音》这一提案。2007年，他为了创作和平解放西藏画作，利用假期前往尼泊尔首都加德满都，查找国内外人士拍摄的西藏和平解放前后的风物人情和山川地貌的画册、图集、图片。他跑遍了32家大小书店，发现相关图书不是欧美就是日本出版的，国内出版的关于西藏的外文书籍却一本都看不到。回国后，他参加全国“两会”时就此写了题为《在加德满都国际图书市场没有我们的声音》的提案，认为印度、尼泊尔都是中国涉藏外宣的第一线，中国关于西藏的好书不少，但在尼泊尔却听不到我们的声音。提案得到了中央有关部门的重视和批示，很快就在加德满都开了一家中国的书店。

鉴于韩书力扎根西藏几十年，在培养少数民族画家、推动西藏美术事业发展等方面做出了突出贡献，2011年西藏和平解放60年时，他被评选为60位感动西藏人物之一；2013年4月，中国美术家协会也给予他表彰和奖励。

2019年，已经进藏45年的韩书力发表了一篇题为《感恩西藏》的文章。他说：“今年是西藏民主改革60周年，西藏已发生翻天覆

韩书力（右二）与他创作的油画《金瓶掣签》

地的变化，我自己也成了一名‘老西藏’，我时常告诫自己要珍视这三个字的内涵与分量。余生身心尚健之年，愿立足高原，以人民为中心，更为从容、更为纯粹地去描绘真实的今日西藏，用生命的长度在雪域艺术的高原上追寻、攀登一座座圣洁的雪山。”

（张月霞　供稿）

参考文献

①吴南瑶：《韩书力的西藏情缘》，《国家艺术杂志》2016年11月6日。

②李晓晨：《画家韩书力：藏地40年的思与悟》，中国作家网2014年1月17日。

③刘峥：《融入西藏大地的墨染人生》，《西藏文学》2014年第4期。

④韩书力：《把西藏美术馆建成亚洲喜马拉雅文化艺术重镇》，《中国美术报》2016年3月3日。

⑤苏文彦：《韩书力：让国际社会能听到我们的声音》，中国西藏网2017年3月1日。

⑥韩书力：《艺术贵在精神》，《人民日报》2018年11月12日。

⑦韩书力：《感恩西藏》，人民政协网2019年4月9日。

感恩牦牛　感恩西藏

2014年5月18日，世界上首座以牦牛为主题的博物馆在拉萨开馆试运营。博物馆建筑面积8 000多平方米，分为“感恩牦牛”“探秘牦牛”“相伴牦牛”“灵美牦牛”4个展厅，从自然与科学、历史与人文、精神与艺术等角度，传神地展示了牦牛与藏族的关系，表达了藏族人民对牦牛的特殊情感。博物馆的镇馆之宝是一堵专门请牧民垒砌的牛粪墙。因为牦牛粪是藏北牧区的主要燃料，有了这

西藏牦牛博物馆（内部）

种燃料，牧民无须再去砍树铲草；牦牛的排泄物则是高寒植被珍贵的养料。牦牛博物馆创意人、馆长吴雨初说：“散发着高原牧草清香的牦牛粪，从人类学意义上，最能反映牦牛与藏民族的关系；从生态学角度，又体现了高原生物脆弱平衡中互相依存的生物链。”

西藏牦牛博物馆

创建牦牛博物馆的创意极佳。时任北京大学中国考古学研究中心主任徐天进教授说：“人与动物是分不开的，如何对待在地球上共同生存的同伴，值得思索。牦牛博物馆虽是初创，但是开了一个好头，应该有更多类似的博物馆。”牦牛博物馆创建的灵感来自吴雨初2010年的一个冬夜在北京做的一个梦：在电脑的蓝色屏幕上，“牦牛”和“博物馆”两个词一个从左边、一个从右边分别出现，像动画一般彼此靠近，最后奇异地拼合在了一起。梦醒之后，吴雨初产生了一个明确的想法：回西藏办牦牛博物馆！吴雨初认为，那个梦其实是他多年来对西藏情感的凸显。“我热爱那里的土地和人民，关注那里的历史和文化，如果没有这一切，我也不会做那样的梦。”

1976年，即将从江西师范大学毕业的吴雨初报名援藏，被分到了西藏自治区那曲地区嘉黎县。他从最基层的乡村干部做起，在乡、县、地区、自治区的行政岗位上都工作过，在西藏总共生活了将近20年，其中，在藏北12年。在藏北的那段岁月，是吴雨初从23岁到34岁的青春时光。他说：“那是一个人的世界观、人生观形成的阶段，我有幸遇到了那么多善良的人们，留下了刻骨铭心的记忆，影响了我的一生。”

调到北京工作之后，吴雨初对西藏一直念念不忘。在北京的20年间，他不但每年都要回西藏看看，家里也经常接待来自西藏的朋友。他时刻想为西藏做些事，只要是与西藏有关的消息，他都很关心。在北京出版集团工作时，凡是与西藏有关的书，他都尽力促成出版。他甚至很想再回西藏，但是不知道怎样回去，也不知道回去以后可以切实地做些什么。

年轻时在藏北的往事总是浮现在吴雨初的脑海里：1977年冬天，从那曲回嘉黎县，车行至阿伊拉雪山，遭遇百年不遇的暴雪。在零下30多摄氏度的寒冬，吴雨初和同行的人支撑了五天四夜，最后靠老式军用电台才与县里联系上。县里连夜组织救援，带着藏族同胞们连夜烙的饼子赶往百里外的雪山。因为积雪掩埋了道路，救援的吉普车走不动，改由马队救援，谁知积雪深至马肚子，马也走不了，最后是一群牦牛蹚开了一条路。吴雨初回忆说，我们几近绝望时，看到雪线处出现一片黑点，知道县里的救兵到了。当被困的人们捧着饼子，看着在雪地上喘着粗气的牦牛时，很多人哭了，都说是牦牛救了他们的命。

有一年冬天，吴雨初第一次到申扎县雄梅区办事。他一个人骑着马行进在寒风呼啸的草原上，冻得双脚僵直，跌坐在一顶牦牛帐篷边。一位藏族老阿妈把他带进帐篷，脱下他的靴子，将他冰冷的双脚揣进袍襟，用体温为他取暖。寒冷被牦牛帐篷挡在了外边，吴雨初浑身暖和起来，双脚也渐渐有了知觉。后来，他了解到，晴暖天气，牦牛毛会干燥收缩，阳光就可以通过长毛间的空隙照进帐篷；阴寒天气，牦牛毛会受潮膨胀，为帐篷里的人阻挡风霜雨雪。

吴雨初的邻居中有三位博物馆馆长：首都博物馆原馆长赵其昌，香港文化馆原总馆长严瑞原，首都博物馆时任馆长韩永。在与他们的交往中，吴雨初获得了许多有关博物馆的知识和理念。不过以前的吴雨初从来没有想过，自己的生活有一天会和博物馆密切联系在一起。但就在那个冬夜，他脑海中堆积的有关博物馆的理念与藏北往事撞击、融合，诞生了这样一个看似奇异却又合情合理的梦境，催生了他创办一家牦牛博物馆的想法。怀揣这个想法，吴雨初开始查阅有关牦牛的资料，并做了一个关于牦牛博物馆的创意方案，向韩永征询意见，得到了这位博物馆专业人士的赞同。韩永说，牦牛与藏族的关系是人类文明进程宏伟篇章中的一个独特故事，这将是一个人类学意义上的博物馆。

2011年3月，时任北京出版集团党委书记兼董事长吴雨初向北京市委提出辞职，去西藏创建牦牛博物馆。机缘巧合，为了庆祝西藏和平解放60周年，北京市决定在日常援藏资金之外，拨出5亿元（后来实际投资达到7.8亿元），由北京援藏拉萨指挥部兴建一座面积达7万平方米的拉萨市群众文化体育中心。在吴雨初的争取下，牦牛博物馆项目加入了这个大项目。博物馆的基本建设由北京市财政投资，但征集藏品和相关费用需要自己想办法。

2011年8月31日，已经在拉萨租了办公地点的吴雨初注册了“亚格博”的微博账号，发了第一条微博：“中国西藏拉萨牦牛博物馆今天奠基。”由此开始了艰难的创业。那时候，西藏几乎没有专业的博物馆，牦牛博物馆更是闻所未闻。五位来帮忙的志愿者对如何开展工作一筹莫展，吴雨初只能一步步地指导，带着一群新手边学边干。他们开着一辆借来的越野车，对牦牛的主要产区展开了田野调查，边调查边征集物品，一共走了西藏、青海、四川、甘肃的47个县，行程3万公里。

令吴雨初意外又感动的是，广大藏族同胞对牦牛博物馆进行了慷慨无私的捐助。刚开始，很多农牧民根本不知道什么是“博物馆”，吴雨初就跟他们解释：“我要建的是‘亚颇章’，是给牦牛盖一座宫殿。”与牦牛日夜相伴的农牧民听了特别高兴，不少人把家里能找到的和自己能搜集到的有关牦牛的物件，无偿捐给牦牛博物馆。比如县的才崩把从自己和其他牧民家里搜集到的与牦牛有关的物件装满一皮卡车送到拉萨，连油钱也不肯收；申扎县的日诺，全家八口人花了两个多月时间捻线、编织、缝制，织成一顶牦牛帐篷，让儿子开了三天车送到拉萨。一顶牦牛帐篷就是牧民的“一套房产”，市场价至少数万元。拉萨八廓街一带的很多商家对吴雨初看上的东西直接半卖半送，一家古玩店还把一枚价值不菲的牦牛皮质天珠捐给了博物馆……最后，馆里一统计，近50%的馆藏竟然来自当地人民的捐赠，这种情况在国内博物馆史上是绝无仅有的。

牦牛博物馆开馆那天，盛况空前，参观人数超过1 000人。有一家四代人一起来的，还有一位近百岁的老奶奶坐着轮椅来参观。捐赠人牧民曲扎带家人来参观时说，到寺庙可以拿到加持过的甘露丸，到牦牛博物馆可以看到我们自己的历史和文化，像到了家一样。被现场的气氛所感染，吴雨初落下了眼泪，因为“能够成为当地人民的精神家园，是一座博物馆所能达到的最高境界”。

在完成了建设牦牛博物馆的使命之后，吴雨初并没有停下来安度晚年，因为他又担负起新的使命："我希望牦牛文化能够走入祖国内地、走向世界。牦牛博物馆以巡回展览等方式，通过牦牛及其驮载的历史和文化，让人们认识西藏人民，传播我们总结的牦牛精神——憨厚、忠诚、悲悯、坚韧、勇悍、尽命。"

文化援藏是全面援藏、立体援藏、多维援藏的重要组成部分。吴雨初建设牦牛博物馆，激活了西藏的文化资源，丰富了对口援藏的内涵，是文化援藏的典型和代表，期待未来出现越来越多的吴雨初！

（张月霞　供稿）

①廖云路：《一位"老西藏"的牦牛情怀——记西藏牦牛博物馆馆长吴雨初》，《西藏日报》2020年4月8日。

②吴雨初：《独一无二的牦牛博物馆》，《光明日报》2016年12月15日。

③李月：《吴雨初"牦牛走进博物馆"讲座北京大学开讲》，《中国文化报》2015年3月24日。

④邓建胜：《牦牛老头吴雨初：因援藏与牦牛结缘　并为之建博物馆》，国务院新闻办公室网站2017年6月19日。

⑤路艳霞：《吴雨初：我是做牦牛博物馆的亚格博》，《北京日报》2016年3月22日。

⑥陈莉莉：《"老牦牛"吴雨初的西藏情义》，《南风窗》2017年11月6日。

奉献高原的组织部部长

1991年，时任团中央书记处书记冯军接到了中央将他调到西藏工作的指示。彼时，冯军由于常年拼命工作，落下一身的病：除了以前就有的胃十二指肠球部溃疡、肝炎、肾结石，在进藏的例行体检中，又查出了严重的糖尿病——这是最怕高原气候的一种病。这样的健康状况并不适合进藏，如果冯军如实报告组织，他一定会被留在北京，但他却选择了隐瞒病情。妻子担心冯军的身体，要他向组织提出换人，冯军却说：“平时，我们总是教育青年到艰苦的地方去，如今轮到自己头上，那也应该高兴而去才对。讲奉献，要动真格的，不能光动嘴皮子呀。那么多干部在西藏能待下来，我怎么就不能待？”

冯军（左一）深入藏族聚居区考察

“讲奉献，要动真格的，不能光动嘴皮子呀。”这是冯军从青少年时代就培养起来的优良作风。学生时期担任班干部的他，总是真心诚意地为大家服务，不计得失、不求回报，在同学中树立了很高的威望。一次，一个在班上年纪最大、个子也最高的同学在课堂上调皮捣蛋，气得老师直哭，冯军一番义正词严的话让他老实下来。事后，班主任问那位同学，为什么不怕老师却怕冯军。他回答："我不是怕他，是服他。他瞧得起我，不告我的状。他学习好，捡粪第一。他是真积极，不是假积极。"

在西藏，冯军担任的是西藏自治区党委常委、组织部部长。在工作中，他从来不搞形式主义，而是撸起袖子，真抓实干，全力以赴，攻坚克难。

到拉萨的第三天，强烈的高原反应还没有过去，冯军就投入了工作，先是组织召开了组织部处级以上干部大会，又马不停蹄地带领工作组到基层调研，两个月时间就跑了3个地区20多个县、乡（镇）。在林芝，冯军得了口腔溃疡，牙龈发炎，半边脸肿得老高，痛得吃不下饭、睡不着觉。同志们好不容易把他劝回拉萨养病，没等炎症完全消去，他又迫不及待地赶赴江孜继续工作。短短的时间内，他就摸清了西藏的干部队伍的情况，对如何开展工作有了清晰的思路。

在西藏两年，冯军的工作日程都是满满的，调研、指导、开会、谈话、听取汇报、部署工作、批阅文件、撰写材料……在办公室里，他像陀螺一样不停地工作，从来没有工间休息；而他的宿舍，也是个可以睡觉的工作场所。常常夜深人静时，他的房间里还亮着灯，他不是在读书，就是在批阅群众来信或者赶写材料。就这样，一天又一天，周而复始，孜孜不倦。

因为夜以继日、呕心沥血的操劳，进藏才几个月，冯军的体重就由原来的140多斤下降到不足110斤。一个从北京来的熟人见冯军瘦得厉害，劝他休息一段时间。冯军却说："人少事多，实在走不开。一下瘦了这么多，我心里也没底，但我是个党员干部，应该有牺牲精神。"

冯军深知，高标准的履职不仅要有不怕艰苦、不怕牺牲、甘于奉献的精神，还要勤于学习、勤于思考，要从战略高度和全局出发思考问题，创造性地开展工作。面对进藏干部队伍"进藏难、留下难、内调难、后顾之忧大"的问题，他广泛取经、周密谋划，又派人常驻北京与相关司局协调，取得了从中央、相关部委到全国各地的广泛支持，成功实施了一系列为西藏引进人才的新措施。一系列大刀阔斧的创新性举措，很快开创了西藏人才引进工作的新局面，并结出了累累硕果。从那以后，内地进藏干部的人数快速增长，从1993到2006年，共有6 000多名干部进藏，且进藏干部的学历、业务能力和政治素养相对以前都有了显著的提高。他们战斗在西藏各条战线，很多还成为工作单位的骨干力量，为西藏的各项事业发展贡献着力量。

冯军在西藏的许多工作都是开创性的，他善于抓主要矛盾，善于抓薄弱环节，使很多工作关系得以理顺，基础性的工作得到加强。1992年初，当得知全国将统一部署、开展省以下各级领导班子大调整后，冯军未雨绸缪，火速部署了大规模的干部考察活动，摸清了全区各级干部的情况，为换届选举工作的顺利进行提前做了奠基性工作。在后来的西藏各级领导班子大换届中，他坚决贯彻中央确定的"四化"方针、"德才兼备"原则，还兼顾了"将坚定维护国家统一和民族团结作为第一考察要素"和"五湖四海"原则等西藏特色。在这次换届中，包括孔繁森在内的一批优秀汉、藏和其他少数民族干部走上了重要岗位，为西藏的发展做出了巨大贡献。

冯军（右二）与藏族师生

在冯军的主持下，西藏自治区党委的组织人事工作，无论是长远建设还是日常工作，无论是综合配套还是单项任务，都开展得有声有色。他力倡的“从高、从严、从细”“求深度、上水平”“吃透两头，明白自己”等工作方法，已成为西藏自治区党委组织部的优良传统。

虽然在西藏工作时间仅有两年，但冯军同志对这片土地充满感情，对西藏人民充满感情。他身体力行地贯彻执行党的民族政策和宗教政策，通过勤奋而卓有成效的组织工作为西藏的经济发展、社会进步贡献着力量。在日常生活中，冯军也非常注重维护民族团结。藏族干部生病住院，他无论工作多忙，都会抽出时间去探望。他特别尊重藏族传统，每逢藏历新年和民族节日，他都会准备啤酒和食品，和藏族朋友一起欢庆。有一次，冯军因为要去外地出差，无法与藏族同志一起过藏历新年，他就事先买好礼物，托人转交给藏族同志以示祝贺。这些点点滴滴的关爱，都被藏族同胞记在心里，难以忘怀。

让人扼腕叹息的是，1993年8月8日，在北京参加全国组织工作会议的冯军因积劳成疾，在宾馆突发脑溢血，不幸逝世，年仅44

岁。冯军的生命虽然短暂，他却在短暂的生命中实现了无限的人生价值，他的精神之光将永远闪耀在这片雪域高原。

（张月霞　供稿）

①张全景：《深切缅怀冯军同志》，《人民日报》2006年10月8日。
②王悦华：《忆冯军同志》，《黑龙江日报》2006年10月25日。
③李源潮：《冯军走了，走得那么急》，《中国青年》1993年第10期。

人间都是故乡　有爱就是天堂

2010年4月的一天，时任北京市委宣传部机关党委专职副书记、基层工作处处长马新明向领导汇报工作时，领导接了一个电话，从对话中马新明得知，有一位组织上安排去援藏的同志因家里有困难无法成行，他当即向领导表示，自己可以去援藏。领导闻言，让他同家人商量之后再做决定。当时，马新明37岁，拥有公共管理、新闻学双硕士学位和中国社科院法学博士学位，既是年轻的后备干部，又是彝族干部，是组织重点培养的对象，正处于事业的上升期。

回到家，马新明和妻子孙伶伶说出了援藏的想法，孙伶伶有点惊讶，因为她知道丈夫原本正计划读博士后。马新明动情地向妻子解释："学习以后还有机会。我是少数民族出身，如果没有国家的多年培养，我可能现在还在穷山

马新明与孙伶伶

沟里放牛牧马。我要知恩图报，反哺社会。眼下，援藏是很好的报答机会。”从大学时就与马新明惺惺相惜走到一起的孙伶伶理解了丈夫的想法，她不但没有阻拦，还做出了同丈夫一起援藏的决定。一来，她不放心丈夫的身体，一同进藏可以照顾他；二来，她本身是北大法学硕士、博士，还有日本留学经历，在中国社科院日本研究所工作，单位恰好也有援藏任务——去西藏社科院担任《西藏研究》英文编辑，她完全可以胜任。

就这样，2010年6月，马新明与孙伶伶一起作为第六批援藏干部奔赴西藏，并成为1994年中央开启对口支援西藏工作以来第一对援藏夫妻。起初，马新明担任的是北京市援藏工作队副领队、北京市对口支援拉萨前线指挥部副总指挥；一年后，他开始担任拉萨市副市长。2013年，第六批援藏工作期满，马新明因为工作出色，得到西藏自治区、拉萨市的挽留。经组织批准，他被任命为拉萨市委副书记，兼任北京第七批援藏干部领队、北京对口援藏指挥部总指挥。孙伶伶则先后担任了西藏社科院《西藏研究》编辑部副主任和西藏社科院当代西藏研究所副所长。

援藏期间，马新明参与了拉萨很多重大项目的建设。每一个项目的顺利完成，都伴随着他日复一日几乎满负荷、超强度的工作。他向身边的工作人员提出了一个“当日事当日毕”的规矩，他白天东奔西走忙于工作，晚上处理公文，凌晨两三点钟睡觉是家常便饭。

有一次，马新明去拉萨群众文化体育中心检查体育馆工程收尾情况。随行的记者见他整个下午都泡在体育馆，爬上爬下，四处查看，不停地吩咐这个、安排那个，傍晚返回时，便好奇地问他：

“你这个总指挥，咋管这么细？”他回答：“北京援藏项目，我敢马虎吗？百年大计，我敢大意吗？细节决定成败，丝毫来不得半点马虎。我得多唠叨几遍，不断提醒他们。”白天的时候，记者见马新明在工地忙得脚不沾地，无暇接受采访，计划晚上再对他进行采访，但等到一天结束，看到马新明疲惫的样子，担心影响他休息，遂取消了计划。第二天早晨9点，记者在北京实验中学（拉萨）见到前来视察的马新明，发现他满眼血丝，一问才知道，前一天夜里他又是忙到凌晨三点多才睡觉。

2011年底，为推进西藏旅游文化发展、宣传汉藏民族交流交融，西藏自治区党委决定以文成公主为主题，打造一台实景歌舞剧，马新明被任命为项目组副组长兼实景办主任。从洽谈合作、剧本及音乐创作、选址、征地到挑选演员、节目排练，他都不辞辛苦，亲力亲为。打造实景版《文成公主》时，正值马新明援藏三年届满。在西藏三年，夫妻二人都患上了高原病，出现了失眠、记忆力衰退等症状。孙伶伶脱发严重，还患上溃疡性结肠炎；马新明深受痛风、滑膜炎困扰，严重时只能拄拐杖开会、下乡。第一次援藏届满的时候，他的痛风已经很严重，膝盖红肿发亮，孙伶伶曾流着眼泪劝他回北京，可马新明却说放不下手头没有完成的工作。在组织的支持下，他决定再干一届。2013年8月1日，《文成公主》实景剧正式开演，此后一年的时间演出了200多场，接待观众30余万人次，票房收入1.3亿余元。实景剧的推出，使西藏文旅产业迈上新台阶。

马新明深知，西藏在国家战略全局中有重要地位，在国际上关注度高，在社会管理问题上，稍有不慎便会引发社会矛盾、影响国家形象。因此，在处理问题时，他给自己定下了一个工作原则：充分调研，摸清情况，吃透中央的民族宗教政策，依法依规办事，硬性任务柔性操作。

2010年，因为拉客，拉萨市中巴车的乱停乱放影响到了城市形象，拉萨市委、市政府决定解决所有中巴车退市问题。当时，拉萨全市共有中巴车570辆，涉及数千人，处理稍有不慎，就会引发社会事件。同时，几百辆公交车上市，数千名司乘人员的配备也是一个大问题。马新明与司乘人员挨个谈话，倾听他们的诉求，晓之以法理，打消他们的顾虑，很快签订了协议。新公交上线后，他又每天乘车了解乘客反应，对发现的问题即整即改，实现了平稳过渡。

马新明经常告诫其他援藏干部说："要像爱护自己的眼睛一样，维护民族团结和谐。援藏干部的首要任务是做好民族团结，如果民族团结做不好，就不可能很好地开展工作，更不可能完成援藏工作。"

2011年4月，拉萨贡嘎机场高速路正在修建中，施工方与当地群众运输队因土石方价格产生了分歧，导致工程停工。马新明连夜赶赴现场调解。当时，双方各执一词，互不相让，火药味十足。马新明分别与双方负责人谈话，摸清了双方底线。接下来的会议，马新明从国家政治大局和为西藏人民谋福祉、支持国家项目建设与维护市场公平秩序、鼓励当地群众增收致富与支持西藏发展的角度分析利害，最终说服双方以法律和合同约定为准绳、以同等业务的市场价格为基础签订协议，当夜复工。

在马新明眼里，夫人孙伶伶是自己的拐杖，为他分担着高原工作的艰辛。马新明不适应长时间看屏幕，孙伶伶就把丈夫手写的文字录入电脑；因为文字功底扎实，她还会应丈夫的要求帮他审阅修改重要文稿。由于马新明会议、调研活动众多，她常常陪丈夫忙到深夜，甚至养成了凌晨一点后才休息的习惯。

马新明向藏族儿童献爱心

对于家庭贫困、从小饱尝求学艰辛的马新明来说，做公益帮助贫困地区和贫困儿童是他一直努力在做的事情。2011年，马新明、孙伶伶发起了为西藏高海拔农牧区孩子们捐赠冬衣的“温暖行动”，他们与北京各界爱心人士一起，为当雄、尼木、林周县的10余所学校捐赠冬衣3 000余套。2012年，他们通过未名基金平台，联系中国航空报社等为拉萨市中小学捐赠价值20余万元的电脑和图书；他们还协调在首都的一些出版集团为拉萨市农家书屋捐赠了价值360余万元的图书……孙伶伶具有很强的执行力，每次都是马新明提议，孙伶伶四处奔走“化缘”、选购图书和棉衣，还亲自将捐赠物品送到被捐赠者手中。

尽管做马新明的贤内助花费了孙伶伶大量时间和精力，然而在西藏工作期间，她凭借深厚的专业基础，在担任编辑工作的同时，对于西藏的法治和妇女地位也进行了细致研究，并出版了专著。

结束两期援藏工作之后，马新明、孙伶伶回到了北京。他们说：“西藏已经成为我们生命中难以割舍的记忆。我们热爱拉萨，我们能在这里为需要的人们付出自己的所有，发挥人生价值，感到此生没有虚度。”

马新明非常喜欢实景剧《文成公主》里的三句台词：“天下没有远方，人间都是故乡，有爱就是天堂。”他说，这就是他们内心的写照。

（张月霞　供稿）

①高玉杰：《援藏夫妻马新明和孙伶伶的感人故事之二——阳光与幸福同行》，中国西藏新闻网2014年9月22日。

②廖卫华：《援藏法学博士夫妻马新明、孙伶伶：法治中国西藏梦》，《法制日报》2014年11月17日。

③罗布次仁、杨步、璩静：《格桑花开在雪域高原：援藏夫妻马新明和孙伶伶民族团结之旅》，新华社2014年9月17日。

从西藏内地班走出来的藏族女校长

党和国家历来高度重视西藏教育事业的发展。1980年3月，中央召开第一次西藏工作座谈会，提出了关于发展西藏教育的指导意见。1984年3月，中共中央、国务院在北京召开了由九省市和中共中央、国务院有关部门负责人参加的第一次援藏工作会议，提出了包括教育援藏在内的支援西藏战略决策。同年，中共中央印发22号文件，决定在内地创建西藏学校和开设西藏班。1985年，全国13个省市的内地西藏班陆续开班。可以说，在内地创建西藏学校和开办西藏班是中国民族教育史上的一个创举，也是新时期中国民族教育改革与发展的重要成果。

几十年来，内地西藏班的开办实现了为西藏快出人才、多出人才、出好人才的政策预期，为西藏源源不断地输送着建设人才，产生了广泛而深远的政治影响和社会影响。西藏用人单位普遍反映，西藏班毕业生政治思想坚定、知识结构比较全面、文化基础比较扎实、业务能力比较强、眼界比较开阔、敬业爱岗，能旗帜鲜明地维护民族团结和国家统一，已成为一支促进西藏经济发展和社会稳定的中坚力量。拉萨中学党委书记巴桑卓玛就是内地西藏班毕业生中的代表性人物。

1978年，巴桑卓玛出生于西藏的加查，是一位土生土长的藏

在辽阳一中读书时的巴桑卓玛

巴桑卓玛在天津红光中学读书时与同学合影

族姑娘。1990年，她离开家乡，到数千里之外的内地西藏班求学，先后在辽阳一中和天津红光中学读完了初中和高中。在内地西藏班的学习和生活给予巴桑卓玛的，不仅是知识水平和学习方法上的提升，更有为人处世、眼界、思维等综合素质方面的增强。尤其是辽阳一中“凡事不做则已，做就要做一流”的校训，照亮了巴桑卓玛从少年到青春的成长之路，激励着她不断拼搏、精益求精、力争卓越，成为一名业务能力强、综合素质高的复合型人才。从东北师范大学毕业之后，巴桑卓玛回到西藏建设家乡。2019年3月，她从西藏自治区教育厅调到拉萨中学担任校党委副书记、校长一职，成为拉萨中学历史上首位女校长。

拉萨中学是中国共产党在西藏建立的第一所民族中学，也是西藏历史上第一所中学。在几十年的发展历程中，拉萨中学形成了自己的办学特色，凝练出“爱国、团结、创新、奉献”的拉中精神，不仅在西藏，甚至在全国也享有一定声誉。执掌这样一所学校，压力是毋庸置疑的，但是在内地求学时培养起来的勤于学习、敏于思考、勇于担当、善于作为等良好习惯和精神品质，让巴桑卓玛在学校管理上很快得心应手，开创出了新局面。

第一是加强了学生的后勤保障工作，尤其是食品卫生和安全保障工作。学校将食品安全作为学校安全工作的重要内容，建立健全并落实有关食品安全管理制度和工作要求，定期组织开展食品安全隐患排查；制定了学生食堂校领导陪餐制度，规定校长为学生食堂食品安全第一责任人，学校中层以上干部为学生食堂陪餐人员，陪餐人员当天要检查食堂是否严格执行原材料采购验收登记、物品索证索票、饭菜留样等管理制度。这一制度不仅有力地保障了学生餐饮的卫生，也拉近了校领导和学生的距离，带给孩子们家一般的温暖。

第二是关注学生的心理健康问题。为了帮助少数存在心理困扰或心理障碍的学生解决问题，以良好的心理状态投入学习和生活，学校专门设立了心理咨询室，且采取了种种措施，保护前来咨询的学生的隐私。此外，学校还设有宣泄室，里面有仿真人形、防护手套和垫子，供压力大的学生宣泄情绪、释放压力。

第三是加强校园文化建设。一方面是让校园的外观设计和环境设计体现育人功能，让每一面墙、每一棵树都会“说话”，让校园的每一处都能潜移默化地、润物无声地教育人。另一方面，也是更重要的一方面，是加强内在的德育建设。除了引导学生读书明德，还通过开展实践活动对学生进行思想道德教育，如带领学生参观校史室，对话学校老领导、老职工，感受学校的发展变迁，从而珍惜来之不易的学习机会。再如，开展军训，通过队列训练、国防知识讲座、法治讲座、规章制度学习等方式，提高新生的军事和国防素质，磨砺意志、增强纪律观念与国防意识，培育和践行社会主义核心价值观，促进同学们健康成长和全面发展。

巴桑卓玛认为，内地西藏班的生活，无论是从知识层面、习惯层面，还是思想观念层面，都让她受益匪浅。而她也怀着一种感恩之心和强烈的使命感，倾尽平生所学，反哺家乡，为缩短西藏和内地的教育差距默默地奉献力量。

（张月霞　供稿）

①钟慧笑：《内地西藏班：一个伟大的创举》，《中国民族教育》2015年第1期。

②李海霞：《拉萨中学率先开展校领导陪餐工作》，《西藏商报》2019年3月28日。

③娄梦琳：《拉萨中学开启新生入学“第一课”》，《西藏商报》2019年8月29日。

④王莉：《内地西藏班办学36周年——14.3万西藏孩子的梦想，从这里启程》，《西藏日报》2021年4月15日。

⑤张滢：《同心架起人才“天路”——内地西藏班办学30年纪实》，《中国教育报》2015年8月22日。

将“不可能”变为“可能”

2006年7月1日，青藏铁路建成并实现全线通车试运营，结束了西藏不通火车的历史，几代中国人的百年期盼终于梦想成真。

青藏铁路东起西宁市，南至拉萨市，全长1 956公里。其中格尔木至拉萨段全长1 142公里，位于海拔4 000米以上的地段960公里，最高点海拔5 072米，连续多年冻土地段550公里。青藏铁路是世界上海拔最高、线路最长的高原冻土铁路。修建青藏铁路面临着多年冻土、高寒缺氧、生态脆弱三大工程难题，是世界铁路建设史上最具挑战性的工程项目。美国火车旅行家保罗·泰鲁在《游历中国》一书中写道：“有昆仑山脉在，铁路就永远到不了拉萨。”20世纪90年代，瑞士的一位权威铁路工程师来西藏考察地形时，更是断言在西藏修铁路“根本不可能”。然而，在西部大开发的热潮中，在强大的综合国力支持下，广大青藏铁路建设者以不辱使命的责任意识、务实创新的科学态度、顽强拼搏的奉献精神，攻克了一个又一个在生命禁区修建铁路的技术难题，将“不可能”变为“可能”，打破了“铁路永远修不到拉萨”的断言。建设者们完成了中国铁路建设史上的伟大壮举，也创造了世界铁路建设史上的一大奇迹。

20世纪初期，孙中山在《实业计划》里就专门规划了“高原铁路系统”。中华人民共和国成立后，中央领导一直关注青藏铁路的建设，但是，限于当时国家的经济实力不强和高原、冻土等筑路技术难题尚未攻克，几十年来，这条铁路曾经三次上马、两次下马，直到进入新世纪，时机已经成熟，条件也已具备，青藏铁路建设才全面启动。2001年6月29日，青藏铁路在格尔木、拉萨两地同时举行了开工典礼。2001年7月1日，全线指挥长会议召开，提出了“拼搏奉献、依靠科技、保障健康、爱护环境、争创一流”的建设方针，确立了“高起点、高质量、高标准，建成世界一流的高原铁路”的建设目标，做出了“由北向南，分段推进”的总体部署。

为攻克多年冻土冬天冻胀夏天融沉的工程难题，建设者们广泛借鉴和吸收国内外冻土工程理论研究和工程实践的成功经验，通过开展联合攻关，掌握了沿线多年冻土分布特征和变化规律，在多年冻土工程设计上实现了对冻土环境分析由静态转变为动态，对冻土保护由被动保温转变为主动降温，对冻土治理由单一措施转变为综合施治的“三大转变”，确立了“主动降温、冷却地基、保护冻土”的设计思想，创新了片石气冷路基、碎石（片石）护坡护道路基、通风管路基、热棒路基等一整套主动降温工程措施，其中在多年冻土段采取片石通风路基长达111公里，对特别复杂的不良地质路段采取“以桥梁通过”措施。桥梁工程采用桩基，每座桥墩下面有四根桩基，每根桩基要深入地下20米以上。先进机械设备和自动化检测手段的采用、施工时间的合理选择，有效提升了冻土施工技术水平。连续三年的冻融循环观察监测表明，冻土环境得到保护，冻土路基基底温度场和变形逐步趋于稳定，已建成的桥梁和隧道都处于稳定状态。这一技术在多年冻土工程领域走在了世界前列。

为了保障施工人员的健康和生命安全，建设指挥部确立了“以人为本、卫生保障先行”的指导思想和“预防为主、防治结合”的原则；实施严格的卫生保障制度，制定了严格的预防高原病、非典、鼠疫等疾病的一系列卫生保障预案、规定和管理办法；建立科学的卫生保障体系，为工地医院配备先进适用的医疗设备3 900多台（件）、大型制氧站17个、高压氧舱25台，医务人员与施工人员的比例为1.5%—2.0%，形成了能够快速及时有效救治危重病人的医疗保障体系；健全卫生保障工作机制，严格掌握高原准入标准，进行阶梯式习服与适应；开展全员高原卫生知识宣传教育；加强日常健康检查和巡诊；大量采用机械施工，降低作业人员劳动强度；免费提供医疗、抗缺氧药品和劳保用品，加强食品卫生安全检查，提高伙食补助标准，为参建人员提供了良好的生产生活条件。指挥部积极探索防治高原病的有效途径，组织高原医学专家成立“高原生理咨询组”，邀请青海、西藏两省区专家医疗组到建设工地培训医务人员，进行技术指导。研制出在海拔4 900米以上地区每小时生产24立方米高纯度氧气的医用制氧设备，并在全线推广，有效改善了作业环境；防范施工现场鼠疫疫情，依靠地方政府和专业鼠防人员成功探索出了一套可靠、有效的鼠疫防控措施。开工以来，全线共接诊病人51万余人次，其中470例高原性脑水肿、905例肺水肿患者全部得到了有效救治。从2001年6月29日青藏铁路格

青藏铁路

青藏铁路青海海西段

拉段宣布开工到2006年7月1日全线通车运营，不论是施工单位的正式工作人员还是当地招募的民工，无一人因高原病死亡。

青藏高原是中国和南亚地区的生态源和江河源，生态环境非常脆弱和独特，做好环境保护工作非常重要。为此，指挥部提出了建设具有高原特色的生态环保型铁路的目标，注重创新环保管理模式，首次建立了环保监理制度，建立起建设总指挥部、施工单位、工程监理单位和环保监理“四位一体”环保管理体系，把环保变成每一个建设者的自觉行动，在每一个岗位上认真落实。为了有效防止铁路沿线水土流失，全线246处土场、料场和施工营地、场地、便道等临时工程经过环保部门认定，全部达到环保、水保要求。

为了全力保护高原植被，建设者们在高寒草原的沱沱河地区选择梭罗草、赖草等适宜物种，在高原草甸的安多、当雄地区选择垂穗披碱草、老芒麦等适合草种，在取、弃土场和路基边坡地段选取紫花针茅、矮火绒草等抗蚀效果好的草皮，进行植被再造和边坡草皮移植试验，都获得成功，并在全线有条件的区段加以推广，在唐古拉山以南安多至拉萨间形成了300多公里的“绿色长廊”。

青藏铁路的线路还避开了纳木措自然保护区、林周黑颈鹤自然保护区，延长线路30公里。对于无法避绕的可可西里与三江源自然保护区，选取了与公路平行的走向，尽量减少影响。此外，还在我国重大工程建设项目中首次设置了野生动物通道，共设桥下、隧顶和路基缓坡平交三种形式的野生动物通道33处。因为铁路的路轨比平地要高出许多，在动物经常通过的地方，施工人员放缓了护坡的坡度，便于动物攀爬，隧道顶部还设置了防护栅栏。针对藏羚羊等中小型动物的桥下通道净高大于3米，针对藏野驴等大型动物的桥下通道净高大于4米。为了防止施工弃渣进入湖中，措那湖20多公里顺湖路段用13万条沙袋筑起一条防护堤。

全国人大环资委、国家审计署、国家环保总局等部门在现场调研和检查中对青藏铁路建设环境保护工作给予了高度评价，认为青藏铁路建设有效保护了野生动物迁徙环境、高寒植被、湿地生态系统、多年冻土环境、江河源水质和铁路两侧的自然景观，实现了工程建设与自然生态环境的和谐。青藏铁路格拉段工程被评为“国家环境友好工程”，这是中国建设项目环境保护的最高荣誉。

在青藏铁路的建设中，10多万人组成的筑路大军在平均海拔超过4 000米的“生命禁区”顶风冒雪地奋战，铸就了“挑战极限、勇创一流”的青藏铁路精神。这一精神，是广大青藏铁路建设者崇高爱国情怀和民族团结精神的生动表现，是不畏艰险的英雄主义气概的真实写照，是善于攻坚克难的崇高科学精神的传承与发扬，具有鲜明的时代价值。

青藏铁路建设中，发生了很多感人的故事。项目总工程师李金城，六年中上百次往返于格尔木至拉萨之间。2000年9月，李金城在唐古拉山冒着大雪勘探设计，从早忙到晚，天黑了，就打着手电测量。任务完成之后，他累得倒在地上走不动了，最后是几个人轮流把他背回营地。后来，他在勘测设计时候摔了一跤，造成骨折，住了好几个月的医院。

汽车司机张少华在两年时间里，驾驶着生活保障车跨昆仑山、越风火山、过五道梁，行驶13万余公里，克服了难以想象的困难，为7个单位58个工点运送食品，提供了优质的生活保障服务，被参建单位誉为青藏铁路建设的“特种兵”。一次，由于连日奔波，张少华在运送物资的路上患了重感冒，呼吸急促，头又重又沉，甚至产生了幻觉。为了不耽误工作，他摇下车窗，让冷风吹面，咬紧牙关，靠着坚强的毅力把装满食品的保障车开到了沱沱河。车一停，他就一头栽倒在方向盘上，失去了知觉。

像李金城、张少华这样的人还有很多，青藏铁路开工建设以来，有16名个人、9个集体荣获全国“五一劳动奖章”和奖状，82名个人、15个集体被授予“火车头奖章”和“火车头奖杯”，68名个人、33个集体分别由青海省、西藏自治区和国家人事部、铁道部授予劳动模范和先进集体光荣称号。这些灿若群星的先进人物，是创造和体现青藏铁路精神的典型代表。

修建青藏铁路是党中央、国务院作出的一项重大决策，对加快西藏自治区经济社会发展、促进西藏自治区同全国其他地区的经济文化交流、增强各民族团结具有重要意义。

统计数据显示，没有铁路，运往西藏的物资85%依赖公路，运能、运量极其有限，运输成本居高不下。1978年，进藏物资不足10万吨，出藏物资不足5万吨；1998年，进藏物资78万吨，出藏物资32万吨。而2006年青藏铁路开通后，当年进出藏物资就达到2 491万吨。

青藏铁路建成之后，受惠最大的是西藏的旅游业。通车前一年（2005年），西藏接待游客总人数只有180万人次。2006年青藏铁路通车，西藏当年接待游客总人数猛升至250万人次。而到了2019年，这一数字已经变成了4 012.15万人次。西藏自治区旅游收入更是从2005年的19亿元跃升至2019年的559.28亿元。

从这些数据可以看出，青藏铁路已经成为青海、西藏两省区各族人民的一条生态线、经济线、团结线和幸福线，成为一条两省区各族人民奔向美好未来的金光大道。

2015年6月，川藏铁路拉萨至林芝段开工建设。2018年10月，中央财经委员会第三次会议提出全面启动川藏铁路规划建设。2020年11月8日，川藏铁路（雅安至林芝段）开工动员大会在北京和川

青藏铁路新线起点

藏铁路控制性工程色季拉山隧道、大渡河特大桥三地以视频连线的方式同时进行。习近平总书记对川藏铁路开工建设作出重要指示，他指出，建设川藏铁路是贯彻落实新时代党的治藏方略的一项重大举措，对维护国家统一、促进民族团结、巩固边疆稳定、推动西部地区特别是川藏两省区经济社会发展，具有十分重要的意义。川藏铁路建成之后，将成为西藏与内地的又一条骨干运输通道，极大地改善川藏地区的交通基础设施和物流效率，也必将成为一条团结之路、发展之路、民生之路、幸福之路，助力沿线各族人民奔向更加美好的幸福未来。

（张月霞　供稿）

参考文献

①孙永福：《“天路”是怎样筑成的》，《光明日报》2013年11月12日。
②陈玉洁：《从不可能到可能——一条铁路的断代史》，《人民画报》2006年第7期。
③齐中熙、梁成谷：《青藏铁路：造福青藏各族人民的世纪工程》，新华网2008年11月12日。
④周伟：《青藏铁路：载着西藏人民奔向共同富裕》，《中国青年报》2021年4月9日。
⑤《习近平对川藏铁路开工建设作出重要指示》，新华社2020年11月9日。

让五星红旗永远在祖辈放牧的土地上飘扬

2017年10月29日，西藏自治区山南市隆子县玉麦乡的卓嘎、央宗姐妹收到了中共中央总书记、国家主席、中央军委主席习近平的回信，勉励她们继续传承爱国守边的精神，带动更多牧民群众像格桑花一样，扎根雪域边陲，做神圣国土的守护者、幸福家园的建设者。这也正是卓嘎、央宗姐妹一家祖孙三代几十年的心愿和追求。

从拉萨出发，往东南方向驱车约400公里到达山南市隆子县，之后，再从县城经斗玉乡行进200公里左右，顺蜿蜒而上的山路翻越海拔4 600多米的日拉山，这才来到祖国西南边陲——玉麦乡。这里每年有260多天是雨雪天气，每年的11月初至次年5月底大雪封山。由于山高谷深，能耕种的土地有限，不产粮食，各种物资供给全靠从山外运进来。在这样的地方坚守，既要忍受自然条件的恶劣、物资的匮乏，也要克服一年有大半年与外界隔绝的孤独。艰苦的条件，让许多村民选择了外迁。20世纪很长一段时间里，在这个区域面积3 000多平方公里的偏僻山乡，只有卓嘎、央宗和她们的父亲桑杰曲巴居住，一栋房子，既是乡政府，也是他们的家，玉麦乡被外界称为“三人乡”。

本来，在卓嘎、央宗小时候，政府已经帮助他们一家搬到了条件稍好的曲松村，可是当时担任玉麦乡乡长的桑杰曲巴带着家人赶

卓嘎（左）、央宗（右）姐妹

着牛羊又回到了玉麦。当时，卓嘎、央宗特别渴望大山外的世界，不太理解阿爸的行为，多次吵闹，但是阿爸一遍遍地告诫她们：“如果我们搬走，这片祖国的土地上就再没有人守护了！”“玉麦这块地若守不下来，将来就不再是我们的土地了。”

那个年代，玉麦南部原始丛林里有孟加拉虎、豺狼、雪豹和熊等野兽，阿爸每次去放牧，卓嘎、央宗都提心吊胆。因为气候寒冷，一年四季，房子里都要靠火塘柴火持续燃烧来保暖。尤其到了冬天，除了紧挨着火塘，姐妹俩只能靠不停劳作，手脚才能不被冻僵。每年必须赶在大雪未封山前储备好过冬的食物，否则就要挨饿。因为没有袜子穿，放牧回来的姐妹俩要把靴子里的干草换好几遍才能除湿保暖。

就这样，从20世纪60年代以来，姐妹俩在父亲的带领下，克服重重困难，秉持“家是玉麦，国是中国”的坚定信念，几十年如一日，坚守在这片3 644平方公里的土地上，捍卫着神圣国土的尊严，用最朴素的行为诠释着伟大的爱国主义精神。

从1959年玉麦乡成立算起，桑杰曲巴担任了29年的乡长。1988年，姐姐卓嘎开始接替父亲担任乡长，一干就是23年，妹妹央宗在乡里做了17年副乡长兼乡妇联主任。

20世纪八九十年代，在媒体的报道下，玉麦“三人乡”放牧守边的事迹传遍了全国，姐妹俩收到了很多来自大江南北的求爱信。桑杰曲巴对女儿们说：“你们要是嫁出玉麦，那么谁来放牧守边？”于是，姐妹俩向阿爸发誓：“一生守在玉麦，让五星红旗永远在我们祖祖辈辈放牧的土地上飘扬。”因为要满足这一条件，卓嘎35岁、央宗27岁才结婚成家。

央宗的儿子索郎顿珠从小就跟随大人翻山越岭、顶风冒雪，边放牧，边巡边。耳濡目染之下，索郎顿珠渐渐懂得了亲人们坚守的意义，他也立志要成为爷爷和妈妈、姨妈那样坚守边陲的人。2017年，索郎顿珠大学毕业后，主动回到家乡工作，成为守护国土、建设家园的新力量。

让卓嘎、央宗姐妹高兴的是，随着国家实施兴边富民战略，2001年，政府修建了玉麦乡到扎日乡的公路，使玉麦摆脱了与世隔绝的生存状态。她们的阿爸激动地给第一辆开进来的“铁牦牛”敬献哈达。也就是在这一年，老人没有遗憾地走了。

公路通了，人气也旺了，玉麦逐渐搬来了越来越多的人家，接着，学校、电站、卫生院等基础设施又相继建成。卓嘎、央宗姐妹俩的生活条件也得到了很大改善：她们既可以享受到边民补贴、生态公益林补偿金、草场补贴，又有在村里工作的工资性收入。乡里还给她们的家人提供了力所能及的工作岗位。

近年来，玉麦乡还成为西藏加快推进边境小康村建设的样本，修通了标准更高的公路，建起了一栋栋富有民族特色的新房。通了大电网之后，玉麦还有了WiFi，流行起了新的支付方式。2018年，西藏山南玉麦线被国家旅游局、国务院扶贫办联合列入“中国‘西部行’十大自驾游精品旅游线路”，旅游业迅速发展，竹编、鸡血藤手镯等当地手工艺品在市场上供不应求……

“我们深知，玉麦旧貌换新颜，都是党中央、习近平总书记关怀的结果。我们一定牢记总书记的嘱托，带动更多牧民群众像格桑花一样扎根雪域边陲。”卓嘎说，玉麦乡已接纳了来自隆子县其他乡镇的数十位贫困群众落户，“我们将全力帮助贫困户，通过旅游等产业，让建档立卡的贫困户明年稳定脱贫”。

（尹蔚彬　供稿）

参考文献

①申琳、徐驭尧：《卓嘎、央宗姐妹：家是玉麦，国是中国》，《人民日报》2021年6月22日。

②尕玛多吉：《玉麦乡卓嘎、央宗姐妹：守护好祖国边陲一草一木》，《光明日报》2019年10月21日。

③边巴次仁、张宸：《“家是玉麦，国是中国”——再访我国人口最少乡玉麦》，新华社2017年10月29日。

④代玲：《坚守祖国边陲雪域高原的姐妹花卓嘎、央宗：“家在玉麦，国是中国”》，《经济日报》2018年10月19日。

知国情 报党恩

2020年初，正当全国人民准备欢度春节之时，一场突如其来的新型冠状病毒肺炎疫情袭击了武汉。疫情在短时间内迅速蔓延，为了最大限度地阻止病毒向外扩散，保证全国人民的健康和生命安全，2020年1月30日（农历腊月二十九）凌晨，武汉疫情防控指挥部做出了“封城”的决定。这是壮士断腕的无奈之举，是正在承受病魔威胁的武汉人民为保全大局做出的巨大牺牲。

“封城”的武汉牵动着所有中华儿女的心，无论身在何方。西藏自治区阿里地区措勤县达雄乡边山村80岁的坚赞老人，就是其中的一位。自从得知武汉暴发疫情的消息，他就手机不离手，时刻关注武汉的情况。汉族老大哥在受难，一想到这事，他就忧心忡忡，有时候甚至难过得落下泪来。大年初三这天，坚赞思前想后，觉得自己不能仅仅停留在同情上，必须为汉族老大哥做点实实在在的事情。

身为一名党员，坚赞产生了交纳一万元作为特殊党费捐给灾区的想法。他先和妻子统一了意见，当天晚上，又召开家庭会议征求孩子们的意见。也许是因为平日的言传身教起了作用，坚赞的子女都深明大义，爽快地支持他捐钱，只是三女儿嘎宗有点担心：交一万元特殊党费来援助灾区的方式在阿里地区没有先例，会不会被人误解为是想出风头？坚赞不以为然，他认为，是党让藏族人民过上了好日子，应该感党恩。五十六个民族是一家，汉族老大哥有困难，自己就该伸出援手。自己又是共产党员，理应为党分忧。本着初心，去做该做的事情，不必在意别人的眼光和非议。大儿子曲加也觉得，不要管别人怎么说。

全家人统一了思想之后，坚赞等不及春节假期结束，第二天一大早便拨通了乡党委副书记塔杰的电话。

听闻坚赞欲交纳一万元的特殊党费捐给灾区，塔杰又意外又感动。他知道，坚赞并不是有钱人，虽然享受“三老”人员优待政策和老干部工资补贴，但收入一年也只有万把块，捐一万块钱出去，差不多就是捐出了个人一年的收入。和坚赞夫妇共同生活的几个子女虽然也有收入，但主要还是靠养牛养羊赚钱，偶尔打打零工。整个大家庭的收入加起来，每年也不过六七万元。何况人多了，吃穿用度的花费也大。无论怎么算，一万元钱对坚赞来说都不是一笔小数目。若是平常过日子，这笔钱必定是精打细算地花，但是看到国家有难，他却毫不吝惜地一下子就拿出来，真是难能可贵啊！

放眼整个措勤县乃至整个阿里地区，把一年的收入作为特殊党费捐赠出去，恐怕都没有先例。这笔党费该不该收，塔杰有点举棋不定。思量再三，他觉得还是应该向上级领导请示一下。

县委组织部的同志听了塔杰的汇报，也深为老人公而忘私的家国情怀所感动，激动地连连称赞：“什么叫‘位卑未敢忘忧国’？什么叫‘知国情，报党恩’？什么叫‘五十六个兄弟姐妹是一家’？坚赞的行为体现了一位老党员对党的无限忠诚，体现了藏族同胞对汉族兄弟的情谊，组织上应该予以肯定和成全。”他指示塔杰，收下这笔党费，并转达县委组织部对坚赞同志的崇高敬意。

考虑到老人年事已高，塔杰本来打算亲自上门收取这笔党费，不料却遭到坚赞的断然拒绝："不！这是交党费，我必须亲自交给乡党委。"

当天中午，坚赞将一万元钱塞进羊皮袍子，坐上儿子驾驶的四轮农用车，顶风冒雪，赶奔乡政府。他一天也不愿意多等，只想把这笔钱尽快送到武汉灾区，为抗疫尽一点绵薄之力。

终于到了达雄乡党委，坚赞恭恭敬敬地捧着这笔特殊党费，把它交到了乡党委副书记塔杰手中，又郑重地说："请数一数，这是我的一万元党费。把它捐给武汉疫区，尽我的一点微薄之力，以示一个老共产党员报党恩、听党话，做党的人的自觉行动。"

坚赞老人的光荣事迹在措勤县乃至整个阿里地区党员干部中间广泛流传，引起了极大反响，连阿里地委书记和专员也都向他学习，分别交纳了一万元的特殊党费捐赠给灾区。

很多人也许都会好奇，坚赞作为一个普通的基层老干部、老党员，为什么会有这么高的思想觉悟和政治素养？这还要从他的身世说起。

坚赞是部落头人嘎玛家的农奴，替管家阿嘎干杂活。农奴主根本不把农奴当人看，他们给农奴的食物和衣服品质都十分低劣，仅能让农奴勉强活着，为他们干活。坚赞每天累死累活，却吃不饱穿不暖，日子过得十分凄惨。是解放军的到来，把他从苦难中拯救出来。那一年，坚赞19岁，他从头人家逃了出来，投奔了解放军，跟着他们修路。

和解放军接触越多，坚赞对他们就越有好感。解放军讲人人平等，不摆架子，对穷苦百姓十分友善。在解放军那里，坚赞第一次感受到了作为人的尊严。那是一种美好的感觉，让他觉得心里很舒坦。坚赞称呼解放军为“菩萨兵”，为菩萨兵做事，他心甘情愿。当解放军急需人力的时候，坚赞自告奋勇，找来村子里几户人家的牦牛，组成驮队，为部队运送粮草和枪械。解放军要返回营盘了，临别时，一位军官把坚赞叫进帐篷，拿出一沓钱，郑重地说：“我知道，你这次赶来的牦牛不是一家人的，请收下这些钱。解放军不拿群众一针一线，用了差夫，是要付费的。”他让坚赞回村把钱分给出牦牛的人家，怕他们不认识钱，又贴心地嘱咐坚赞：这是藏银，以后可以换很多东西，千万别当作纸给烧了。

帐篷里的那一幕一直被坚赞牢牢地记在心里。解放军军纪严明、爱护百姓、不拿群众一针一线的优良作风给他留下了深刻印象，成为他为人处世的榜样；同时，也在他心中埋下了感觉恩的种子，因为他听说解放军是共产党领导的，他觉得解放军就代表着共产党。

坚赞回到村子不久，中共阿里工委的工作队来到达雄乡，得知坚赞曾经为解放军做过事，就安排他当了治安主任。民主改革时，坚赞又当过大队文书和治保主任。20世纪70年代，他还当上了乡长。他一直把解放军当成自己为人处世的榜样，严于律己，兢兢业业地为藏族老百姓做事情。他还入了党，把随时准备为党和人民牺牲一切的入党誓言铭记在心中。

可以说，共产党领导的解放军是坚赞人生道路上的引路人，让他由旧社会受剥削、受压迫的农奴成长为识大体、顾大局，具有家国情怀的少数民族基层干部，成长为忧国忧民、舍己为公的优秀共产党员，同时，也成为民族团结的模范和典型。习近平总书记在会见基层民族团结优秀代表时指出：“做民族团结重在交心，要将心比心、以心换心。”坚赞老人的人生故事，便是对这段话一个很好的佐证。

（张月霞　供稿）

徐剑：《金青稞：西藏精准扶贫纪实》，北京联合出版公司2020年版。

带着感情去工作

王东海

2017年6月，西藏自治区日喀则市仁布县德吉林镇党委副书记、镇长王东海荣获“全国扶贫先进个人”称号，并作为西藏自治区唯一获奖者参加了在人民大会堂举行的颁奖典礼。时任国家民委副主任李昌平这样评价王东海：“敢担当、能吃苦、不畏难，敢干事、能干事、干实事，是一个清醒坦诚、聪明智慧、务实进取的人。视百姓为父母，始终有那么一份情、那么一份意、那么一份爱。”

2009年，从中南民族大学毕业的王东海考取了日喀则市的公务员，被分配到仁布县帕当乡切村工作。王东海老家在江苏宿迁，他的父母也是援藏干部。王东海少年时代曾就读于日喀则中学，西藏是他的第二故乡。他选择来西藏工作，除了建设边疆的使命感，还出于对第二故乡的热爱。

在日喀则当一名基层干部，对王东海来说，除了要面对高寒缺氧、饮食不适的困难，语言不通也是一道难关。为了能更好地了解村情民情，做群众的知心人，王东海刻苦学习藏语。他拜乡政府一位藏族干部为师，学习发音；为了便于记忆，他用汉语谐音把发音记录下来，一字一句反复练习；他每天坚持听藏语版《新闻联播》，锻炼听力；在与藏族群众交流时，即使闹笑话，也要硬着头皮说藏语……就这样，坚持了一年，王东海已经能用简单的藏语与村民们进行日常交流。但他没有止步，继续深入学习，藏语说得越来越好，还获得了全县藏语演讲比赛第一名的好成绩。

语言互通只是密切干群关系的第一步。王东海深知，要想让群众敞开心扉、信任自己，必须不怕麻烦、不怕辛苦，踏踏实实从小事做起，点点滴滴，细雨润物，才能走进群众心里。村子里有一辆政府配发的轻型货车，因为没人会开，一直闲置。王东海恰好有驾照，于是，他就当起了全村人的免费司机：为村民们送牛犊、拉牧草、运水泥，送生病的村民去县里的医院……村子里有一位“五保”老人，无儿无女，平时都是王东海和村干部轮流照顾。老人去世后，王东海和村里其他干部一起为老人送行，并为其料理后事。

切村自然条件相对恶劣，且人多地少，全村400人仅有560亩耕地，以种植青稞、土豆为主，经济结构单一。这样的情况下，脱贫是个艰巨的任务。王东海没有畏难，在乡干部和村支书的带领下，他经过一年多走家串户的调研走访，掌握了全村60多户家庭的基本信息，建立了贫困家庭电子档案。之后，他根据切村实际情况，制定了靠劳务输出脱贫致富的规划。他组织村里有技术的剩余劳动力和致富能手，成立了劳务输出合作社，并为合作社争取到三个大项目，解决了35名困难群众的就业和生活问题。“自从有了合作社，我们都不用外出务工了，在家门口就有收入，还可以学到技术。”

合作社社员拉巴次仁高兴地说。

在带领群众脱贫致富的过程中，王东海特别重视发挥基层党组织和党员的先锋模范作用。他说："把致富能手培养成党员，把党员培养成致富能手，把党员中的致富能手培养成村干部。这样一来，即便我离开了这里，在党员的带领下，老百姓一样有奔头。"本着这一理念，他先后扶植村子里的两名贫困党员在帕当乡开起了"党员惠民馒头店"和"党员惠民蔬菜店"，不但解决了乡里群众买馒头难和买菜难的问题，还将这两位党员培养成了致富能手。

因为工作出色，2012年，王东海被调到德吉林镇担任镇党委副书记，2016年又担任了镇长。职务升迁了，但王东海带着感情去工作、全心全意为群众服务的初心没有变，这是他的基层工作哲学，也是他的价值追求。

在乡镇工作的八年间，王东海走遍了全镇的275户家庭，掌握了全镇贫困状况，为贫困家庭建档立卡，精准识别扶贫对象。在扶贫规划上，走的是依托城郊区域优势、重点发展产业经济的道路。

强钦村村民次珍是藏鸡养殖能手，她一心想扩大养殖规模，却在种鸡苗来源和资金方面遇到了困难。在王东海的帮助下，这两个问题都得到了圆满解决。次珍建起了400平方米的养殖场，一年光卖鸡蛋就能赚5万多元。富裕起来的次珍怀着感恩的心，主动帮扶村里三户贫困户，每年每户补贴2 000元，节假日还会为他们送去慰问金。她说："在镇长的帮助下，我的日子好过了，我希望能把这份温暖传递下去。"

在王东海的带领下，德吉林镇发展壮大了艾玛村藏香猪养殖、德吉林村温室大棚、强钦村藏鸡养殖、德旦康萨民族手工业等特色产业，开创了德吉林镇特色种植养殖业、农畜产品加工业、民族手工业等多产业共同发展的良好格局，真正让贫困家庭实现了就近就业、自主创业、自主经营，获得了稳定收入，日子一天天好起来。2018年底，德吉林镇九个行政村均达到了脱贫标准，顺利实现了脱贫摘帽。

王东海说："我觉得每一代人有每一代人的使命，如果说，父亲这一代人是西藏初期的建设者，那我们就是西藏发展的推动者……西藏的发展绝非一代人就能完成，而是需要我们几代人的共同努力，需要我们传承父辈们的'老西藏精神'，争做神圣国土的守护者、幸福家园的建设者。"在建设新西藏的宏图大业中，正因为有无数像王东海及其父辈这样心怀使命、不畏艰辛的无私建设者，西藏才实现了跨越式发展，日益变得美丽富饶与祥和。

（张月霞　供稿）

①杨征：《王东海的青春在西藏乡村更美丽》，《中国民族》2018年第2期。

②王东海：《援藏"后浪"的雪域情结》，丹臻群佩采访、编著：《共进与赋能——内地西藏班35年35人口述史》，西藏人民出版社2020年版。

后　记

本书的内容以记人记事为主，绝大多数篇章借鉴了史书人物小传的写法，选取人物一生中与西藏各民族交往、交流、交融相关的重要事件来展示其思想性格及精神世界，反映历史变迁和时代精神。

本书图片除署名外均由网络等途径搜集而来，请相关权利人与出版社联系，以致谢忱。

张月霞　尹蔚彬

2022年10月